C. DE FEUILLIDE

LES
NATIONALITÉS

qui sera le corps mort, là les aigles
s'assembleront

Saint Matthieu, chap. xxiv.

PARIS
MICHEL LÉVY FRÈRES, LIBRAIRES-ÉDITEURS
RUE VIVIENNE, 2 BIS

1845

LES

NATIONALITÉS

PARIS. — IMP. SIMON RAÇON ET COMP., RUE D'ERFURTH, 1.

C. DE FEUILLIDE

LES

NATIONALITÉS

Où sera le corps mort, là les aigles
s'assembleront.
SAINT MATTHIEU, chap. XXV.

PARIS

MICHEL LÉVY FRÈRES, LIBRAIRES-ÉDITEURS

RUE VIVIENNE, 2 BIS

1855

Au mois d'avril dernier, il me fut donné de rendre compte dans la *Presse* de la brochure de la *Paix*, dont, par la liberté des mers et l'ouverture des détroits, M. Émile de Girardin avait fait comme le dernier mot de ses *Solutions de la question d'Orient.*

À l'occasion des nationalités, que l'éminent publiciste avait abordées avec cette netteté rapide qui le distingue, j'avais dit :

« Les nationalités sont l'œuvre du temps, non d'un protectorat, d'une commandite, d'un décret, d'une guerre. Quand elles disparaissent, c'est parce qu'elles ont épuisé les principes de vie qui les constituaient ; tous les peuples de la terre ne pourraient pas plus réaliser pour elles le miracle de la vision d'Ézéchiel que tous les hommes réunis ne pourraient dire aux ossements des générations mortes : Rassemblez-vous, levez-vous et marchez! Et, si cela se pouvait, comment croire, sans se livrer à la plus folle illusion, qu'après avoir passé des années, des siècles, en compagnie des vers de ce tombeau qui s'appelle la conquête, un peuple défendra et maintiendra des biens qu'il s'est laissé ravir au temps de sa jeunesse et de sa virilité?

« Qu'on cherche dans l'histoire générale du monde des exemples de résurrection de races ou de peuples, on n'en trouvera pas un seul.

« Quand leur nationalité eut été absorbée dans le monde romain, les peuples de la Gaule s'épuisèrent en vains efforts, durant plus de trois siècles, pour la reconstitution d'un empire gaulois.

« Le génie de Charlemagne échoua contre la fondation de l'unité italique et contre la reconstitution d'un empire romain d'Occident.

« Il y a eu aussi quelque chose de ce rêve dans le génie de Napoléon, et tout cela n'a pas

duré plus que le règne et la vie des deux grands
empereurs.

« L'Europe en corps, il y a vingt-cinq ans,
a voulu donner un démenti à cette grande loi
de la nature des choses prouvée par l'histoire.
Eh bien, si les tuteurs qui la commanditent ne
lui mettaient chaque jour un bourrelet et des
lisières, la nationalité grecque ne s'en irait-elle
pas journellement trébucher aux pierres mêmes
qui ont formé son sépulcre?

« Serait-ce donc là ce qu'on appelle une résurrection de peuple, de nationalité?

« Dans cette partie des motifs déterminants
de la grande guerre, il peut donc bien y avoir
un expédient révolutionnaire, il ne peut y avoir
un principe. Je ne saurais voir un principe
dans ce qui est condamné à n'aboutir qu'à un
état de choses qui serait aux nationalités ce
que des squelettes articulés sont au corps humain.

« Par ces motifs et bien d'autres que je ne
me crois pas la liberté d'énoncer, je pense donc
avec M. de Girardin que la guerre, même la
grande guerre, aujourd'hui, serait un anachro-

nisme. Non, ce n'est plus à elle qu'il faut demander contre la barbarie cette barrière que, déjà de leur temps, Henri IV, Frédéric et Napoléon demandaient à des idées de civilisation avancée.

« Ce fut par la volte-face qu'il fit faire à la civilisation que Charlemagne lui-même contint et refoula les invasions au nord et au midi.

« C'est aussi à la civilisation que M. de Girardin demande les moyens de mettre un terme aux envahissements dont la Russie menace le monde. »

Sous ces éclairements de l'histoire, il me semblait qu'habitué, comme nous le sommes un peu, à tout ramener à nos préoccupations présentes d'intérêts, d'opinions, de partis, d'alliances, on ne s'était pas assez rendu compte du sens profond de ces paroles du grand publiciste : *La diplomatie qui navigue sans boussole, et qui, n'ayant pas de principe, n'a pas de politique.* Je fis donc effort, autant qu'il était en moi, pour bien mettre en saillie cette pensée de salut qui avait cherché une solution en dehors des sentiers battus par les engins de la guerre et par les notes diplomatiques, et aussi par les propos de la politique au pied levé des salons et des journaux.

« Est-il bien certain, en effet, disais-je, que dans les convoitises de la Russie sur Constantinople il n'y ait, comme on le pense généralement, qu'une ambition d'extension et de conquête, couverte par les prétextes d'un protectorat religieux, qu'un legs de dynastie transmis de tzar en tzar par un fondateur d'empire?

« Pour un esprit synthétique, chercheur osé de la nature des choses, pour M. Émile de Girardin, n'y aurait-il pas la poursuite d'une œuvre préexistante à toute constitution d'État, dépendante d'une position géographique, inhérente à la pente des fleuves qui fait la pente des peuples, à des instincts d'origine, et, pour tout dire, à des besoins mystérieux de déplacement à rebours, qui ont laissé leurs traces dans l'histoire?

« L'histoire, en effet, ne nous montre-t-elle pas les peuples se poussant l'un l'autre de l'orient à l'occident, au midi et au septentrion; puis, quand ce mouvement s'est arrêté, ne nous les montre-t-elle pas encore dans leurs migrations, semblables au flux et au reflux des mers, travaillant à reprendre leur marche du midi, de l'occident et du nord, vers l'orient, pour y rentrer?

« N'y eut-il pas de cet esprit de retour dans la Rome républicaine portant ses conquêtes en Afrique, en Asie, où elle plaçait son origine, dans les champs où fut Troie, avant de les porter en occident et au nord, dans les Gaules et dans la Germanie?

« Les Celtes gaulois, s'en allant envahir l'Italie, l'Asie Mineure, et y jeter des colonies qui ont gardé l'étymologie de leur nom, ne s'en retournaient-ils donc pas vers l'Orient, leur berceau?

« Nous-mêmes, leurs descendants, sans parler des croisades et de l'expédition d'Égypte, n'avons-nous pas toujours cherché à nous répandre au dehors par nos frontières orientales des Alpes et du Rhin?

« Mais combien cette attraction mystérieuse du berceau des peuples est-elle plus profondément empreinte encore dans les grandes invasions du quatrième et du cinquième siècle dont les flots ont englouti le monde romain!

« Tous ces Goths, ces Visigoths, ces Huns, ces Vandales, qui apparurent tout à coup, les uns derrière les autres, se poussant comme les vagues de la mer, le long des rives du Danube, dans les pacages de la Hongrie, au milieu des steppes du Tanaïs et du Borysthène, d'où venaient-ils?

« De l'Orient: refoulés qu'ils étaient par les hordes de Tartares qui, eux-mêmes, se repliaient devant les victoires de Toulun, de l'extrémité des frontières de la Chine.

« Ils ne songèrent pas tout d'abord à franchir le Danube pour se jeter et s'établir dans le grand espace germanique, laissé ouvert devant eux par les terreurs de l'imbécile Honorius, qui avait rappelé les légions en Italie. Obéissant aux instincts de leur origine, à l'irrésistible esprit de retour qui en est la conséquence, ils descendirent la pente de leurs fleuves, et, par l'Euxin et le Bosphore, s'en allèrent passer une *langue rouge* sur l'Asie, et frapper aux portes de Constantinople.

« Il fallait l'Orient à ces peuples, qui, venus de l'orient, avaient été forcés de camper dans le nord. S'ils finirent par venir prendre dans les terres et dans les cités de l'occident leur part de richesses et de soleil, ce ne fut qu'après avoir été chassés de l'Afrique et de l'Asie par les derniers généraux des derniers empereurs du Bas-Empire.

« M. Émile de Girardin ne serait pas le seul qui, prenant la question du haut de ces enseignements de l'histoire et des traditions originelles des peuples, aurait cherché, pour la résoudre, des moyens exceptionnels comme elle.

« Il me semble impossible qu'il n'y ait pas eu beaucoup de ces préoccupations dans la pensée de Napoléon sur le trône et à Sainte-Hélène. Sans cela eût-il dit : « Je vois dans l'avenir plus « loin que les autres. D'après le *cours naturel* « *des choses*, la Turquie, dans quelques années, « tombera au pouvoir de la Russie. Cela me pa- « raît aussi certain que si la chose avait déjà eu « lieu. »

« Si, d'après ce qu'il savait des dispositions et des intérêts permanents de l'Autriche et de la

Prusse, il n'avait pas prévu que les moyens ordinaires de la guerre et de la diplomatie, dont cependant il avait entre les mains les plus énergiques ressorts, ne suffiraient pas à refouler des instincts de race, des pentes d'origine, en faisant remonter les fleuves vers leur source, comme ils pourraient suffire à contenir des convoitises de règne ou de dynastie, se serait-il inquiété de leur créer des obstacles d'une puissance égale ?

« Ne s'en serait-il pas tenu au projet d'une reconstitution quelconque d'un royaume de Pologne, laquelle était en son pouvoir, et répondait aux idées de son temps, un peu trop, je crois, prolongées dans le nôtre ?

« S'abandonnant, en désespoir de cause, à tout ce qu'il y a eu en lui d'aspirations contenues par le trône vers les réalisations de l'Idée future, aurait-il fini par ne trouver de barrière *au débordement de ces Barbares vers l'Orient ou vers l'Occident, que dans l'idée de l'application d'un congrès américain à la grande famille européenne,* « idée puissante qui, avant d'ar-
« river au génie de Napoléon I*er*, dit M. de Gi-

« rardin, avait traversé le cerveau de Frédé-
« ric II et visité l'esprit de Henri IV ! »

« L'heure de cette réalisation n'est peut-être
pas très-éloignée ; peut-être même a-t-elle déjà
sonné une fois sans avoir été entendue, com-
prise ou servie. Toujours est-il qu'il serait bon
d'en prévoir et même d'en hâter la venue ou le
retour, »

Devant cette espèce de manifeste de l'organisation d'un monde nouveau, sans relever
les nationalités mortes du *finis super te* prononcé et exécuté sur elles, un de mes collaborateurs à la *Presse* crut devoir se retirer du
journal.

Cette retraite m'affecta péniblement, je l'a-
voue, et à cause de mon collaborateur lui-
même, et aussi à cause des pressions extérieures
dont je savais qu'il avait subi l'odieuse tyran-
nie, et surtout à cause de la révélation qui m'é-
tait faite de l'entrée de certains hommes de
l'idée démocratique dans l'immobilisme des
vieux partis, stéréotypés dans cet axiome :
« Rien appris, rien oublié. »

Allons ! me disais-je, il paraît que j'étais encore sous l'empire de ces miroitements, de ces illusions qui viennent de la patrie dans les contrées de l'exil, quand, après ma rentrée et le 20 août 1854, j'écrivis ces lignes à l'occasion du livre le *Droit:*

« L'existence et la marche des sociétés, comme celles des peuples, des hommes, des partis, des idées, sont semées d'intermittences, de temps d'arrêt ou de recul. Quand ces intermittences se produisent, le mouvement humain tout entier semble suspendu.

« Alors les fatigués de la marche, les blessés de la lutte, les refoulés du point de départ, les impatients du progrès, se demandent pourquoi ils sont fatigués, pourquoi ils ont été vaincus, pourquoi ils sont rejetés en arrière, pourquoi les idées sont arrêtées, pourquoi le progrès s'est ralenti. Le chemin n'avait donc pas d'issue? La lutte n'avait donc pas de principe accepté? Le point de départ était donc faux? Le progrès manquait donc de point d'appui? Les idées n'avaient donc pas de levier?

« Humanité, sociétés, peuples, partis, idées, progrès, ne peuvent cependant pas rester ainsi

rivés au temps d'arrêt ou de recul qui leur a
été imprimé.

« Dieu a fait du mouvement en avant la
condition de leur existence, la loi de leur durée. Sous peine d'être à jamais effacés du
livre de vie, il leur faut donc se remettre
en marche, se frayer un chemin nouveau,
s'assurer des chances meilleures de triomphe,
chercher une idée plus vraie pour le progrès, et demander à un autre point de départ
une issue possible, si lointaine qu'elle pa-
raisse. »

Ce qui venait de se passer à la rédaction de
la *Presse* me montrait que, dans le monde de
l'idée démocratique, tant de souci de recherche et d'avenir n'était pas entré chez les
fatigués de la marche, les blessés de la lutte,
les refoulés du point de départ, les impatients
du progrès. Ils me paraissaient disposés, au
contraire, à demander un chemin plénier aux
chemins dont ils avaient, en tombant, pratiqué
toutes les ornières; le triomphe, à toutes les
vieilles chances d'où ils n'avaient retiré que
des défaites; le progrès, aux mêmes idées qui

avaient toujours été enrayées sur place; et
enfin ils me semblaient vouloir prendre encore
leur point de départ juste au même endroit devant lequel toute issue avait été fermée.

En ce qui touche la question des nationalités, je crus qu'il y avait de ma faute. Il est
des illusions très-douces au cœur, très-enraci-
nées dans l'esprit, dont on ne doit pas se flat-
ter d'avoir raison, par des affirmations toutes
seules; il y faut l'abondance et la surabondance
des preuves.

Il me fut donc permis d'ajouter à mon article
sur la *Paix* les deux articles plus spéciaux et
que je croyais plus concluants de la *Guerre et
les Nationalités*, qui parurent dans la *Presse* du
19 et du 20 avril.

Mais, dans ces deux articles, j'avais subi la
loi de la manière d'être de mon esprit. Homme
de critique plus que d'exposition, je ne trouve
guère que dans le choc de la polémique les développements du principe qui est en moi. Je
n'allai donc pas au-devant des objections, à la
possibilité desquelles, du reste, je le dis très-
sincèrement, je ne croyais pas, tant il me sem-

blait que mon théorème reposait sur la raison
des siècles.

Mes deux articles, sans doute, manquèrent
de démonstrations suffisantes pour satisfaire
l'intelligence et commander la conviction. Tout
au moins n'obtinrent-ils pas le moindre crédit
auprès d'un autre de mes collaborateurs, partisan décidé du système des nationalités.

Il s'en expliqua donc avec le rédacteur en
chef de la *Presse*. Avec cette haute indépendance
qu'il veut pour les autres comme pour lui-
même, et qui forme un des côtés de son caractère et des éclairements de son génie, M. de Girardin répondit par ces paroles, qui l'honorent
et qui honorent les hommes qu'il appelle à
lui :

« La différence entre les deux points de vue
servira à démontrer une fois de plus que la *Presse*
ne se borne pas à professer la liberté, mais
qu'elle l'applique, et qu'au sommet de sa rédaction ne trône pas un pape en chef s'attri-
buant l'infaillibilité et imposant l'unité, qui
n'est qu'un masque sous lequel se déguise l'intolérance. »

Sous le titre de *Questions à examiner*, cinq articles furent donc lancés, dans la *Presse* même, contre la *Guerre et les Nationalités*.

En voyant ainsi un homme d'un talent très-appréciable, appartenant au parti libéral, s'épuiser à relever et à faire tenir debout ce qui est tombé, fatalement tombé par sa raison de chute, je compris que je devais entrer en lutte résolûment, avec ce côté du caractère humain que j'avais signalé déjà dans les lignes suivantes, et auquel je me heurtais à mon tour :

« Quelle que soit la haute portée de son livre, disais-je le 20 août 1854 à propos du *Droit*, M. de Girardin, je pense, ne se fait guère illusion sur son influence dans le temps présent. Il sait trop les hommes et les choses pour ignorer que les hommes et les choses se soulèvent contre toute innovation quand on veut, je ne dis pas l'accomplir, mais seulement en vulgariser les principes au milieu même de la génération qui a été vaincue dans la lutte, refoulée dans la marche.

« Celui qui a cru longtemps tenir une vérité se

résigne-t-il à reconnaître qu'il n'a tenu qu'une erreur?

« Celui qui a toujours marché l'œil fixé sur un objet qu'il voit fuir, consent-il à s'avouer qu'il n'a poursuivi qu'un mirage?

« Celui qui s'est attendu à voir telle cause produire tel effet, et qui a été trompé dans son attente, ne s'en prend-il pas à l'effet et non à la cause?

« Celui qui croit savoir consent-il à apprendre, et celui qui a appris se donne-t-il la puissance d'oublier?

« Malheureusement non! il a bien connu le fond commun de la nature de l'homme, l'historien qui a dit : « L'expérience est un flambeau « qui n'éclaire que ceux qu'elle consume. » C'est pour cela qu'en ce monde tout abus est si lent à se déraciner, toute erreur si lente à se dissiper, tout progrès si lent à s'accomplir.

« C'est pour cela que, sur la route où il cherche une issue aux aspirations de l'avenir pour les féconder, l'auteur du livre du *Droit* a trouvé de si ardents contradicteurs cramponnés aux errements du passé demeuré stérile. »

De la nécessité de résoudre la *Question à examiner*, posée en termes absolus comme principe de civilisation, et de poursuivre dans ses dernières casemates l'esprit de routine et d'erreur à l'endroit des nationalités, sont sortis les cinq articles que j'ai publiés dans la *Presse* sur les *Nationalités et la Civilisation*.

Si j'ai pensé que dans les deux premiers je pouvais avoir été trop sobre de preuves, j'incline à croire que, dans ces cinq derniers, je dois en avoir été trop prodigue; tout au moins aurai-je trop serré les tenailles de l'argumentation. Mon contradicteur s'y est dérobé par toutes sortes de tangentes, pour lesquelles un esprit comme le sien ne me semble point fait; jusque-là qu'il s'est fourré sous le bonnet, les lunettes et la souquenille d'un pédagogue, pour se donner le droit, en faisant miroiter une particule négative qui n'existait point dans le texte, de me délivrer bruyamment un certificat d'anisme et de se mettre en oraison devant un Dieu quelconque, pour obtenir la guérison de mon insanité.

Ma déception a été grande.

2

En démontrant à mon contradicteur l'im-
possibilité où il était d'affirmer les nationalités
comme principe de civilisation, j'avais espéré
le pousser à se rejeter dans la résurrection de
certaines nationalités comme *expédient révolutionnaire*, pour un temps et des circonstances qui n'existent pas aujourd'hui, mais
qui pourraient bien exister demain.

Sur ce terrain je l'aurais suivi, et je lui
aurais vaillamment donné mon concours.

Sans pousser mon cosmopolitisme pacifique
jusqu'à demander, avec son cosmopolitisme
guerroyant, que la France sonnât un branle-bas
européen, j'aurais parfaitement accepté qu'il
fût profité du branle-bas sonné par d'autres,
pour que la résurrection de nationalités glorieu-
ses devînt un expédient énergique et un puissant auxiliaire de propagande démocratique.

Et, en effet, en demandant la reconstitution
des nationalités italique, hongroise et polonaise, pour les faire entrer avec leur passé
dans une grande fédération des peuples de
l'Europe, on aurait servi tout à la fois la démocratie, de nobles infortunes, et le principe de

l'unité humaine dans la paix et dans la liberté.

Mais il n'a pas dépendu de moi qu'au lieu de s'en aller à la recherche d'une vérité possible à un moment donné, on se soit égaré dans les recherches de la dispute. Je m'en suis retiré dès que je l'ai pu honorablement, et me suis borné à relever, dans deux articles sur les *Ouvriers de la dernière heure*, une interprétation par trop pharisaïque donnée à quelques mots empruntés à une parabole du Fils de l'Homme. Il m'a été ainsi fourni l'occasion de donner à la cause plébéienne un point d'appui et un levier, dont on n'a peut-être pas assez tenu compte jusqu'ici.

C'est pour servir cet ordre d'idées dont il m'a été dit et dont je crois que l'expansion sous toutes les formes importe au triomphe de la vérité et de la justice que je publie aujourd'hui en brochure tout ce que, dans ces derniers temps, j'ai écrit sur les nationalités.

N'importe entre quelles mains tombe ce livre, je prie le lecteur, qu'il me soit sympathique ou hostile, de croire qu'en traitant à cette heure solennelle une question qui touche de si près aux préoccupations du monde démocratique j'ai obéi uniquement aux pensées que voici :

L'heure où il faut résoudre les questions est une mauvaise heure pour les étudier ; la froide raison, pour avoir quelque empire, ne doit pas attendre le jour des ivresses de la colère ou du triomphe.

Si l'homme intérieur ne se renouvelle pas durant les jours où l'homme extérieur subit le joug, ces temps d'épreuves, qui s'appellent des mécomptes, des défaites, des afflictions, des exils, ne serviront jamais à autre chose qu'à préparer de nouveau des afflictions, des exils, des mécomptes, des défaites.

Or j'avoue avoir rêvé sur la terre d'Afrique, et rêver encore sur la terre de France, d'autres destinées, pour l'Idée, dont je ne suis qu'un soldat obscur, mais dévoué ; pour l'unité de la civilisation, à laquelle chacun de nous a le devoir et le droit d'apporter même son rayon brisé de lumière ; pour l'humanité, dont mon pays, si glorieux et si puissant qu'il soit, n'est qu'une province.

C. DE FEUILLIDE.

LA GUERRE ET LES NATIONALITÉS

I

« Qu'est-ce que la guerre? Un métier de
barbare..... »

Napoléon. 1812.

Les partis, ou plutôt les hommes, mettent rarement les deux pieds à la fois sur la route du progrès. Presque toujours ils en ont un qui, attardant
l'autre, se traîne boiteux et empêtré dans les ornières de la routine. La tradition, pour eux, n'est
point ce que fut pour Israël la colonne de feu qui
marchait devant lui au désert. Les éclairant en arrière, la tradition leur fait faire volte-face au passé,
et laisse dans l'ombre l'espace qui s'étendait devant eux.

Aussi cette sorte de lumière rétrospective leur
est-elle un stimulant de plagiats plus que de créa-

tions, et entre-t-il dans leurs idées moins d'aspirations que de souvenirs. Combien en est-il qui
soient autre chose que des regrattiers de systèmes,
des recrépisseurs de projets, ne tenant compte ni de
la différence des temps, ni des modifications de
races, de mœurs et de caractères, ni du changement des circonstances, ni de la transformation
des intérêts, ni de rien par quoi a été déplacé le
milieu dans lequel les choses qui, hier, avaient leur
raison d'être ont cessé de l'avoir aujourd'hui? Que
des hommes de deux ou trois générations en arrière, ayant en eux ou en dehors d'eux tous les
éléments de succès, se soient pourtant brisés à une
grande entreprise, il n'importe! Les générations
suivantes, sans avoir aucun de ces mêmes éléments,
s'obstineront à reprendre l'entreprise en sous-
œuvre : où les pères géants ont échoué, les enfants
pygmées se flattent de réussir.

Hommes et partis ressemblent assez à cet empereur qui fut appelé l'*Apostat* par les chrétiens, et
le *Philosophe* par les docteurs de la servitude
légale.

En vérité, Julien ne méritait pas cette prise au
sérieux.

Julien, proclamant la résurrection du culte des
idoles en pleine expansion de l'idée chrétienne,
dont les flots montants avaient déjà envahi les deux

tiers du monde romain ; Julien, — tel que Chateau
briand le représente dans ses *Études historiques*,
d'après saint Jean Chrysostome ; — Julien, « élar-
gissant ses épaules, portant en avant sa barbe
pointue, allongeant de petits pas pour mieux imi-
ter la marche d'un géant ; » Julien, se montrant
aux fêtes de Vénus entouré d'un cortège édenté et
perclus de magiciens, d'enchanteurs, d'augures,
de devins, de prêtres, de pontifes, de vestales, ac-
courus clopin-clopant de tous les recoins de l'empire dans leurs costumes fripés, qui servaient de
risée aux enfants ; Julien, après des rêves de liba-
tions, de parfums, de sacrifices auprès de la fon-
taine de Castalie, ne trouvant pour toute victime
qu'une oie apportée par le prêtre de la ville de
Daphné ; Julien ne mérite que le sobriquet par lequel, de nos jours, ont été ridiculisés les hommes
qui, se cramponnant à un passé disparu, croient
pouvoir, contre la loi fatale des choses, *renouer la
chaîne des temps.*

Julien ne fut qu'un voltigeur du paganisme.
Aussi sa restauration, à laquelle il promettait l'éternité, dura-t-elle tout juste le temps d'une guerre
contre les Parthes. La flèche qui le mit au tombeau
y fit rentrer son paganisme impérial, et l'idée
chrétienne n'en reprit que d'un pas plus ferme sa
marche triomphante.

C'est un semblable vent d'anachronisme qui souffle sur le monde de l'idée démocratique. Au moyen de mots qui hurlent d'être accouplés ensemble, on y fait, d'une tradition faussée, les voies et moyens d'une vérité future.

Ainsi, pour nous qui la servons, la démocratie est bien l'expression la plus large du progrès humain, politique et social. Nous trouvons en elle les trois grandes idées de civilisation, de liberté, d'unité, vers la réalisation desquelles l'humanité, à travers ses souffrances, ne cesse de marcher. Cependant interrogez les hommes qui se dévouent à leur triomphe sur les moyens d'en faire la pierre de l'angle d'un monde nouveau, la plupart vous répondront : « Guerre révolutionnaire, résurrection des nationalités. »

Hélas ! pourtant ce n'est pas la civilisation qui germe dans les sillons creusés par l'épée ; ce n'est pas la liberté qui survit aux révolutions, et ce n'est pas l'unité qui sort de la multiplicité des peuples.

Quand, pour donner un démenti à l'universalité des faits qui en témoignent, on invoque la tradition révolutionnaire, on ne prouve qu'une chose : c'est que les enfants lisent mal dans l'esprit des pères, et qu'ils sont les jouets des falsifications que l'ambition, l'intérêt et l'intrigue lui ont fait subir.

M. de Lamartine, qui voit dans les hommes de

la Constituante « des ouvriers de Dieu appelés à restaurer la raison sociale de l'humanité, et à rasseoir le droit et la justice dans l'univers, » a eu une intelligence plus lucide, plus haute de l'œuvre et de la tradition révolutionnaire : « La révolution, dit-il, appelait les gentils comme les juifs au partage de la lumière et de la fraternité. Aussi n'y eut-il pas un de ses apôtres qui ne proclamât la paix entre les peuples. Mirabeau, la Fayette, Robespierre lui-même, effacèrent la guerre du symbole qu'ils présentaient à la nation. Ce furent les factieux et les ambitieux qui la demandèrent plus tard ; ce ne furent pas les grands révolutionnaires. »

Les grands révolutionnaires savaient en effet. Ils savaient plus que nous, qui, cependant, avons vu depuis s'accomplir des événements dans lesquels a été écrite, en caractères plus marqués encore, la grande loi inéluctable des fatalités de la guerre. Et ce que les grands révolutionnaires savaient, M. Émile de Girardin l'a su aussi quand il a écrit, dans son livre de la *Politique universelle :* « La paix est ce qu'il y a de plus révolutionnaire ; » et dans sa brochure de la *Paix :* « De toutes les guerres commencées au nom de la liberté, je n'en connais aucune qui ait fini par l'assurer. »

C'est la vérité, aucune! aucune, aussi haut qu'on remonte dans le passé et dans l'histoire des

peuples, quelque nom que la guerre ait porté dans
les temps anciens et dans les temps modernes :
guerre internationale, guerre civile, guerre de religion, guerre d'indépendance, guerre de champ
de bataille, guerre de rues, avec des redoutes ou
avec des barricades, à coups de peuples ou à coups
de soldats. Aucune! même parmi celles qui, sur
leurs drapeaux, comme le dit le grand publiciste,
ont inscrit ces mots menteurs : « Révolution, liberté, égalité, fraternité! »

Partout et toujours, au contraire, la guerre a tiré
de ses flancs, non la liberté, mais le pouvoir absolu s'incarnant dans des dictateurs, des empereurs, des rois.

Sans remonter plus haut, est-ce la liberté qui
sortit, à Rome, des guerres de Marius et de Sylla?
Est-ce la liberté que César restaura, après avoir
abattu, au nom des colères plébéiennes, cette république éreintée de patriciens, machine à servitude et à corruption, que le sénat, gorgé, laissait
tomber aux mains rapaces des parvenus?

Et, en France, est-ce la liberté, ou Louis XI avec
son Tristan, qui sortit de la *Ligue du bien public*,
après la bataille de Montlhéry? Est-ce la liberté, ou
le pouvoir ministériel absolu, qui s'assit avec Ri-
chelieu sur les ruines sanglantes de la Ligue et de
la Réforme? Est-ce la liberté avec le Parlement, ou

le despotisme avec Louis XIV, qui fut le dernier
mot des convulsions de la Fronde?

Et en Angleterre, après s'être servi du Parlement
et de l'armée pour faire tomber la couronne et la
tête de Charles Ier, Cromwell s'en servit-il pour assurer la liberté ou bien pour fonder son protectorat? Le protecteur de la liberté par la révolution
incarna-t-il en lui la révolution, pour être le main-
teneur de la liberté, ou pour en être le meurtrier?

Les grands révolutionnaires savaient tout cela,
et ils n'eurent pas la présomption de croire que,
pour eux, Dieu, changeant les lois générales des
choses, ferait que d'un mauvais arbre ils pourraient tirer un bon fruit; ils ne voulurent donc pas
la guerre. Nous, aujourd'hui, ne savons-nous pas
davantage? De nouveaux exemples des fatalités at-
tachées à la guerre n'ont-ils pas été, en notre
temps, ajoutés aux exemples anciens? Beaucoup
d'entre nous n'y ont-ils pas été témoins ou acteurs?

Ces guerres de la Révolution, qui n'éclatèrent, dit
M. de Lamartine, que « lorsque la Révolution eut
dégénéré, » quand elle fut tombée aux mains de
bourgeois bavards et corrompus qui avaient besoin
de la guerre au dehors pour faire diversion aux
pourritures de l'intérieur, à quoi sont-elles allées
trébucher?

De quoi, après 1815, ont servi à la liberté allemande les suprêmes efforts auxquels les peuples germaniques avaient été appelés en son nom contre les dernières armées de l'Empire?

Aux pieds de quel maître la liberté espagnole alla-t-elle expirer en sortant de sa sauvage guerre de l'indépendance?

Voulez-vous que de la vieille Europe nous passions à la jeune Amérique? Que sont devenues, que deviennent toutes ces républiques, toutes ces libertés qui devaient fleurir sur les morcellements du joug brisé des mères patries? Depuis plus de trente ans, de *pronunciamiento* en *pronunciamiento*, avec un caporal et quatre soldats, les Bolivar, les Santa-Anna, les Rosas, les docteur Francia, les Soulouque, donnent pour réponse leur dictature flanquée d'exécutions de bouchers militaires. Et, remarquez-le, je n'ai cité que les grands noms, les grandes républiques de l'Amérique du Sud, dédaignant des milliers de noms obscurs, et des parcelles imperceptibles.

Une seule fois, je dois le dire, la liberté a été dans le nouveau monde le mot suprême d'une guerre entreprise pour la liberté. Mais, dans les circonstances de cet événement, se trouve la plus éclatante preuve des déviations qu'il est dans la nature de la guerre d'imposer aux principes mêmes de sa plus légitime origine.

Voyez-vous cette puissante république des États-Unis, cette grande Union américaine si fière du nombre toujours croissant d'étoiles dont elle parsème le drapeau de son indépendance? Eh bien, ce n'est pas la liberté, ce n'est pas la république que son armée, après la lutte, portait roulée dans le papier de ses cartouches ; c'était une royauté militaire. S'il l'eût voulu, s'il n'avait pas eu au cœur une ambition placée plus haut qu'une couronne, au lieu d'être le fondateur d'une république, Washington, par la grâce d'une armée levée pour l'indépendance, aurait pu être le premier nom d'une dynastie. Mais Washington ne voulut pas que les gens de guerre perdissent l'Amérique naissante, de même que, selon Montesquieu, ils doivent perdre la vieille Europe; et peu s'en fallut alors que le refus du grand citoyen ne provoquât parmi les gens de guerre une mutinerie contre le général libérateur.

Quand, pour des centaines de Césars et de Cromwells, qui apparaissent dans les siècles, on ne trouve qu'un seul Washington, n'y aurait-il pas démence à rêver la liberté des peuples par la propagande armée? Quelles épreuves faudrait-il donc encore pour reconnaître, avec les grands révolutionnaires de la grande époque de 89, que la guerre n'enfante que des dictateurs sous le nom de héros;

qu'il est dans l'essence des choses que les man-
teaux des vaillants capitaines ne portent dans leurs
plis que les lois de l'obéissance passive, qui étouf-
fent jusqu'aux plus vulgaires élans de l'indépendance humaine?

Et puis serait-il vrai, comme il ne l'est pas, que
les grands révolutionnaires nous eussent légué la
propagande démocratique par les armes, comme
une nécessité de civilisation, comme un moyen de
fonder l'unité fraternelle des peuples, que je dirais :
Avant d'accepter le legs, voyons ce qu'étaient nos
pères, et de quel temps ils étaient; et puis
voyons ce que nous sommes et de quel temps nous
sommes.

La guerre révolutionnaire est la guerre des peuples. Ce sont donc des armées de peuples à ruer
contre des armées de soldats. Eh bien, pour que
des armées de peuples se lèvent, il faut une foi,
un enthousiasme. Une foi comme celle des Croisades, qui précipita l'Europe sur l'Asie pour l'envahir; un enthousiasme comme celui de la Révolution, qui poussa quatorze armées aux frontières de
la France pour les défendre.

Regardons en nous et hors de nous. Point de sophismes, point de grands mots, point d'échasses !
mesurons-nous bien, de la tête au cœur. Où est
notre foi? Où est notre enthousiasme? Combien

sont-ils, en ces temps, ceux qui, sans arrière-pensée, sans orgueil, sans haine, sans ambition, n'étant rien, ne voulant rien être, par amour seul du droit, de la vérité et de la justice, mettent sur une idée leur pain ou leur tête ?

La foi, l'enthousiasme, renaîtront, dites-vous ! Illusion grosse de mécomptes. Nous descendons une pente : nous ne la remontons pas. L'enthousiasme de 1848 a été au-dessous de l'enthousiasme de 1830, lequel ne fut lui-même que l'ombre de l'enthousiasme de 1789. La poésie, qui est le plus infaillible thermomètre des ardeurs des peuples, en porte témoignage. En 1789, nos ardeurs éclatèrent dans la *Marseillaise;* en 1830, elles glissèrent dans la *Parisienne,* et, en 1848, elles tombèrent au refrain des *Lampions.* Comme dans la Grèce antique, l'amour de la liberté en France a eu Tyrtée dans sa force; dans son déclin, il a eu Thersyte.

Ne nous faisons donc plus d'illusion; il n'est personne à cette heure qui, démentant Michel de Bourges, osât dire que nous sommes les fils de nos pères. Tous les Pierre l'Ermite de la religion, de la politique, de la gloire même, en capuchon gris, en bonnet rouge ou en chapeau à plumes, ne lèveraient pas, en notre temps, une légion de volontaires en blouse, en veste, en sabots ou pieds nus. A peine racoleraient-ils des reîtres et des lansquenets pour leur argent, avec garantie de dotation et de pension de retraite.

Dans ce puissant génie, illuminé à ses derniers jours de tant de divinations démocratiques, qui s'est appelé Chateaubriand, y aurait-il eu quelques-unes des aspirations de nos grands révolutionnaires, et aussi l'intuition de nos déchéances successives, quand il écrivait, dans ses *Mémoires d'Outre-Tombe* : « Viendra peut-être le temps, « quand une société nouvelle aura pris la place de « l'ordre social actuel, que la guerre paraîtra une « monstrueuse absurdité, que le principe même « n'en sera pas compris. Mais nous n'en sommes « pas encore là. »

Nous n'en sommes pas encore là, c'est vrai, dirai-je avec le vénérable M. Colins; mais, ajouterai-je avec lui, la nécessité sociale nous y conduit plus vite que Chateaubriand ne le prévoyait.

II

« Nations! mot pompeux pour dire Barbarie.
L'Égoïsme et la Haine ont seuls une patrie;
La Fraternité n'en a pas! »
                                          LAMARTINE.

Faussée dans ses idées sur la guerre, la tradition révolutionnaire l'a été également dans ses idées sur les nationalités. Elle l'a été par les mêmes intérêts, les mêmes ambitions, les mêmes intrigues, avec ce masque de l'hypocrisie de plus, auquel de nobles cœurs se laissent prendre.

Sous l'hostilité incessante de leur action, la guerre et les nationalités, devenues alternativement cause et effet, sont les filets toujours tendus, le mirage toujours tournant, qui attirent et font descendre la Révolution des hauteurs où, planant sur les temps et sur l'espace, son génie pousse l'humanité aux destinées qui sont dans la loi même de son essence progressive.

Les grands révolutionnaires de 89, en effet, n'ont pas été ce que les disent les hommes et les partis qui ont des intérêts de domination à les rapetisser et à les méconnaître. Ils n'ont été ni des égoïstes, ni des esprits étroits travaillant pour eux, pour leur temps, pour leur pays; ni des Titans superbes aspirant à escalader le ciel pour en déloger Dieu et refaire son œuvre.

Leur gloire a été de reconnaître que, pour le monde moral comme pour le monde physique, il existe des lois préexistantes à toute création, à toute humanité : que, si le monde physique n'a subi aucune altération à travers les temps, c'est parce qu'il ne cesse de marcher sous les lois qui constituent son essence et sa nature; que les altérations du monde moral, au contraire, lui sont venues de ce qu'il s'est écarté des lois qui forment l'orbite de sa liberté. Ce fut donc à faire rentrer l'humanité dans les voies éternelles d'où l'avaient sortie les religions, les philosophies, les politiques, instruments et développements à la fois des mauvais côtés de la nature de l'homme, que consista l'œuvre des grands révolutionnaires.

Aux prises avec des institutions, des mœurs, des intérêts qui avaient leurs racines dans la profondeur des siècles, ils savaient bien que, pour les extirper, il faudrait plus d'une génération, plus d'un peuple s'épuisant à l'œuvre. Aussi auraient-ils pu dire à leur tour : « Notre règne n'est pas de ce monde, » de ce temps au milieu duquel nous luttons; et voilà pourquoi ils ne voulurent pas que l'épée fût tirée pour leur cause; ils ne voulurent pas la guerre.

La guerre eût été le démenti du dogme de la fraternité humaine qu'ils ressuscitaient.

Car, pour eux, la guerre, c'était le meurtre, comme l'esclavage et la conquête sont le vol; l'un le vol de l'homme sur l'homme, l'autre le vol d'un peuple sur un peuple. La gloire des armes qui les déguise n'était à leurs yeux qu'un sophisme pour s'assurer l'impunité devant les hommes, le repos devant la conscience, et la complicité de Dieu lui-même, en les plaçant sous son invocation. C'est que ces prétendus apôtres de l'impiété et de l'athéisme avaient reconnu qu'en tout temps, en tout pays, à toutes les phases de l'humanité, la guerre avait été, comme le meurtre, marquée au front du signe de la malédiction de Caïn; que cette malédiction s'était transmise de races en races, de peuples en peuples, sous la forme continue d'expiations par ces exterminations mutuelles écrites dans la Bible, comme elles l'ont été depuis dans l'histoire.

Depuis, comme alors, tout ce qui avait conduit en captivité a été conduit en captivité, tout ce qui

avait été amassé par la conquête a été dispersé par
la conquête, tout ce qui avait dominé par la guerre
a été assujetti par la guerre, tout ce qui avait marché et vécu dans le sang a été renversé et étouffé
dans le sang; les plus grands comme les plus petits, ceux d'un siècle comme ceux d'un jour,
quelque éternité qu'ils se fussent promise. Qui a
détruit ces grands empires des Cyrus, des Alexandre, fondés par la guerre? La guerre. Qui a morcelé en milliers de peuples cette grande unité du
monde romain, constituée avec des milliers de
peuples par la guerre? La guerre. Qui a fractionné
l'empire de Charlemagne, formé par la guerre avec
les peuples barbares campés dans les ruines du
vieux monde dont ils s'étaient partagé les dépouil-
les? Encore la guerre. Et l'empire de l'islam, fondé
par la guerre, qui l'a morcelé et qui l'achève? Toujours la guerre.

S'il est vrai que l'homme a été créé pour vivre
en société, la guerre, qui tue l'homme et qui détruit les sociétés, n'est donc, pas plus que l'esclavage qui les dégrade, la loi et la fin suprême des
destinées de la société et de l'homme. En proclamant la liberté et la paix entre les peuples, les
grands révolutionnaires ont donc bien affirmé la
loi éternelle de Dieu et travaillé à l'avénement de
son règne. Et l'auteur de la *Politique universelle* a

bien été l'écho intelligent de leur génie quand il a
dit : « Guerre et esclavage sont destinés à la même
fin ; l'une ne doit ni ne peut survivre à l'autre. »

L'esclavage s'en est allé et il s'en va chaque jour,
dans ce qui en reste, devant cette parole de plus
en plus envahissante, partie du Golgotha : « Paix
et amour entre les hommes! car les hommes sont
tous les enfants égaux d'un même père, qui est
Dieu, et ils n'ont tous qu'un même maître, qui est
dans le ciel. »

La guerre s'en est allée, s'en va et s'en ira à mesure que, par la communauté d'idées et la solidarité d'intérêts, les individualités et les agrégations
humaines ont étendu et étendront de plus en plus
les liens par lesquels ont été rapprochées et fon-
dues ces unités diverses qui, s'absorbant successi-
vement les unes dans les autres, se sont appelées
l'individu, la famille, la tribu, la cité, la province,
la nation. C'est ainsi que la guerre, qui a eu lieu
d'individu à individu d'abord, et ensuite de famille
à famille, de tribu à tribu, de cité à cité, de province à province, a fini par ne plus éclater que de
nation à nation.

C'est à la nation que, dans le monde ancien, s'ar-
rêta le progrès unitaire de l'absorption de toutes
ces autonomies qui, par le carré de la multiplicité
de leurs morcellements, multipliaient le nombre

des causes de la guerre. « Lorsque l'on vient, dit Lamennais, à se représenter les affreux effets des haines nationales chez les anciens, l'âme consternée cherche un refuge contre ces souvenirs effroyables. »

Ce refuge a été indiqué une fois, il y a plus de dix-huit siècles. Les voies en avaient été préparées par cette action mystérieuse des lois qui régissent les mondes, et les rapprochent du but de leurs destinées par les moyens même qui semblent devoir le plus les en éloigner. L'œuvre de la guerre allait servir à tuer la guerre. Ce fut, en effet, sur l'anéantissement des autonomies nationales, par lesquelles l'unité violente du monde romain s'était constituée siècle à siècle, que la voix qui avait proclamé la fin de l'esclavage annonça que la guerre devait aussi finir son temps.

Il résultait de ces enseignements que Dieu n'avait créé ni le Juif, ni le Gentil, ni le Syrien, ni le Persan, ni le Grec, ni le Romain, ni l'Indien, ni le Celte, ni l'Égyptien, ni l'Arabe, ni aucun des peuples de la terre. Il avait fait l'homme. C'est l'homme qui, pour donner carrière à ses mauvais penchants, avait rétréci le plus possible le cercle dans lequel se devaient exercer les bons ; mais, sous la pression d'événements plus forts que lui, parce qu'ils sont les résultats de lois préexistantes contre lesquelles il ne peut rien, ce cercle s'était élargi dans la me-

sure même des développements de la loi progressive des sociétés.

L'unité de nation, ainsi, n'était pas plus la fin de
la société et de l'homme que ne l'avaient été jusqu'à
elle toutes les autres unités, graduellement absorbées
dans la sienne. Elle devait disparaître à son tour
dans une unité plus grande. Alors la synthèse du
progrès humain et social fut affirmée en ces termes :
« L'humanité est une comme Dieu est un ; il n'y
aura qu'un troupeau comme il n'y a qu'un pasteur. »

Et le christianisme se mit à l'œuvre pour pousser les peuples vers cette unité suprême. Mais « on
ne met pas une pièce de drap neuf à une vieille
tunique, ni du vin nouveau dans de vieux vais-
seaux. » Les peuples n'en pouvaient plus. Il fallait
donc que les races fussent changées et les nations
renouvelées. La refonte du vieux monde se fit dans
le cercle de feu et d'extermination que les barbares
resserrèrent de plus en plus, et sur lequel tombait et
retombait sans relâche le marteau des fléaux de Dieu.

Le monde nouveau se forma lentement de parcelles comme l'ancien, parcourant les mêmes phases d'absorption. Il a fallu quatorze siècles à l'idée
chrétienne pour amener une partie seulement du
monde nouveau, l'Europe, au point où elle avait
éclaté sur l'ancien.

Et encore, en Europe, n'y a-t-il guère que la

France qui ait accompli, et à quel prix! sur la foule
de peuples qui la composent, ce travail d'homogénéité
sans lequel les parties destinées à former un même
tout ne sont que des grains de sable sans ciment,
des atomes sans liens. Seule, aussi, la France est-
elle vraiment une unité, une nationalité. Regardez
à l'Italie, à l'Allemagne, à la Russie, à l'Angleterre
elle même! Les nationalités n'y sont guère que
des assemblages de peuples qui, dans les liens mêmes où ils sont empêtrés, gardent encore, comme
une protestation, les noms de leur race et les marques de leur soudure. En France, il n'y a plus
qu'une France. En Angleterre, il y a une Écosse,
une Irlande; en Italie, il y a un Piémont, une Sar-
daigne, une Lombardie, une Toscane, une Sicile,
des Génois, des Napolitains, des Romains. En Allemagne, il y a... eh, mon Dieu! il y a tout, excepté
une unité allemande : ainsi dans presque tous les
États du Nord, et même du monde.

La constitution d'autonomies, si nombreuses
et si persistantes, en une gigantesque unité, se
pourra-t-elle donc jamais accomplir?

Pas un seul instant les grands révolutionnaires
n'en ont douté, pas plus qu'ils n'ont un seul instant
hésité sur les moyens. C'est pour cela que, parmi
les grands révolutionnaires, « aucun, excepté les
opposants à la Révolution, dit M. de Lamartine, ne

renfermait sa pensée dans les limites de la France.
La déclaration des Droits de l'Homme le prouve.
C'était le décalogue du genre humain dans toutes
les langues. »

Depuis ce jour, la foi dans l'unité future de l'humanité est devenue la foi qui, dans les sommités
de l'intelligence, a survécu à toutes les autres. Politiques, religieux, socialistes, les détracteurs de la
Révolution comme ceux qui en sont les apôtres,
ceux qui la combattent comme ceux qui la servent,
tous les partis en ont l'intuition nette et lucide;
tous l'attendent, et beaucoup l'appellent comme la
fin de cette halte d'égoïsme et d'atonie où la société
se décompose.

« Tout annonce, » disait lui-même, dans ses *Soirées de Saint-Pétersbourg*, l'illustre comte de Maistre, si souvent illuminé à son insu par les lumières
de la Révolution, qu'il affectait pourtant d'appeler
lueurs de l'abîme, « tout annonce je ne sais quelle
grande unité vers laquelle nous marchons à grands
pas, que nous voulons *saluer de loin*, pour me servir d'une expression religieuse. »

Et quelle est cette grande unité, dont tant d'autres puissants esprits qui, avec de Maistre, en sont
les prophètes, ont eu Socrate, saint Jean, Plutarque, Montaigne, Fénelon pour précurseurs? C'est
l'unité humaine. Tous, d'après l'apôtre, disent :

« Les familles ne seront qu'une famille, les nations qu'une nation. »

Et par quel moyen l'humanité ne sera-t-elle qu'une famille, qu'une nation ?

Toutes ces voix puissantes qui, en notre temps, se sont appelées ou s'appellent Mirabeau, de Maistre, Chateaubriand, Ballanche, Humboldt, Saint-Simon, Lamartine, Émile de Girardin, Cousin, Colins, Proudhon, ont répondu : « Par l'anéantissement des nationalités. » Aux yeux de tous, l'amour universel des hommes doit succéder « à ce farouche patriotisme si fatal à l'humanité : passion violente qui ne fait pas, dit Lamennais, que les citoyens s'entr'aiment, mais qui fait que l'on hait ce qui n'est pas concitoyen. »

Et comment s'accomplira cet anéantissement, cette absorption des nations ?

Sera-ce par la violence et la conquête, comme dans le monde romain, comme dans l'empire de Charlemagne, comme dans la formation de la nationalité française, comme dans la plupart des États de l'Europe ? Ou bien par l'union des cœurs et des intelligences, dont le rayonnement continu fait la communauté d'idées et la solidarité d'intérêts, ainsi que l'a voulu le Verbe révélateur des lois générales des choses : ainsi que l'ont voulu les grands révolutionnaires de la Constituante, « qui se seraient bien gardés, dit M. de Lamartine, de placer aux frontières de la France la borne de ses vérités ; de renfermer l'âme sympathique de la Révolution française dans un étroit patriotisme ; pour qui le patriotisme n'était ni dans la communauté de la langue, ni dans la communauté des frontières, mais dans la communauté des idées, et qui, pour patrie, de ses dogmes avait le globe : ainsi que le veut enfin aujourd'hui ce quelque chose plus fort que les hommes, dont les hommes, le voulant ou non, subissent la pression, qui s'appelle l'esprit d'une époque, la marche des événements, « lesquels, a dit M. de Bonald, tendent, en vertu des lois générales, à tout ramener à l'unité dont chaque jour ils montrent la nécessité? »

Cette question, la *Presse*, depuis longtemps, l'a résolue selon l'idée chrétienne, selon l'idée révolutionnaire, selon les tendances de plus en plus marquées de notre siècle, toujours de plus en plus dominé par les événements. En proclamant la formation de l'unité des peuples par la paix, la *Presse* voudrait détourner de nous l'accomplissement de la parole de deux hommes qui, placés à deux points opposés de l'horizon intellectuel, ont cependant aperçu les mêmes signes dans le ciel ; car il est écrit : « Un temps viendra où je mettrai de mon esprit sur toute chair ; vos fils et

vos filles prophétiseront: vos jeunes gens auront
des visions, et vos vieillards auront des songes. »

« Nous sommes douloureusement et justement
broyés, » disait le comte de Maistre dans ses *Soirées
de Saint-Pétersbourg*, écrites au plus fort de nos
grandes guerres contre l'Europe; « mais si de misérables yeux tels que les miens sont dignes d'entrevoir
les secrets divins, *nous ne sommes broyés que pour
être mêlés.* »

« Un avenir sera, dit Chateaubriand, un avenir
puissant, libre, dans toute la plénitude de l'égalité
évangélique. Mais il est loin encore, loin au delà
de tout l'horizon visible. Avant de toucher au but,
avant d'atteindre *l'unité des peuples, la démocratie
naturelle,* il faudra traverser la décomposition
sociale, temps d'anarchie, de sang peut-être, d'in-
firmités certainement. Cette décomposition est com-
mencée, elle n'est pas prête à reproduire de ses
germes, non encore assez fermentés, un monde
nouveau. »

Ainsi la guerre et les nationalités ont été cause
jusqu'ici que nous avons été broyés pour être mêlés,
parce que nous résistions par la guerre et par les
nationalités à notre entrée dans la grande unité
humaine. Ainsi la guerre et les nationalités font
obstacle à notre marche vers cet avenir puissant,
libre, de la démocratie naturelle dans la plénitude

de l'égalité évangélique; elles engendrent cette décomposition sociale qu'il nous faudra traverser avant de toucher au but.

La guerre et les nationalités sont donc mal l'œuvre de la démocratie et de la Révolution. Nous n'établirons donc pas la paix entre les peuples en déclarant la guerre à ceux-là pour ceux-ci; et ce n'est pas en ressuscitant les nationalités mortes, pour augmenter le nombre des nationalités vivantes, que nous travaillerons à l'avénement de cette unité puissante où toutes les nations ne doivent être que des provinces de l'humanité.

D'ailleurs, faisons pour les nationalités ce que j'ai dit pour la guerre. Nous nous sommes regardés, regardons-les.

Si, comme on le dit, les nationalités vaincues sont prêtes à emboîter le pas de l'indépendance, qu'ont-elles besoin que nous leur battions la marche? Est-ce qu'un autre peuple que le peuple anglais mit la main à sa première révolution, qui brisa le sceptre de Charles Iᵉʳ, et à la seconde, qui mit Guillaume d'Orange sur le trône de Jacques Stuart? Nos pères de 89 ont-ils eu besoin qu'une nation de la terre leur criât : « Levez-vous, suivez-nous et régénérez le monde! » Et à nous, en 1830, en 1848, qui nous a dit : « Voilà où sont vos plaies, et voici le fer et le feu qui doivent vous guérir? »

Les peuples qui, pour sortir de leur sommeil de leur nuit, ont besoin de la voix et du bras de l'étranger, ne sont encore prêts ni pour l'action ni pour la lumière. On les croit vivants, ils ne sont que galvanisés ; on les croit pleins de force, ils n'ont que des velléités. S'ils marchent, ils trébuchent ; s'ils se relèvent, c'est pour retomber, et ils ne secouent un moment leurs chaines que pour en reprendre de plus pesantes. Les exemples ont surabondé depuis trente ans.

Voulez-vous savoir quel sens profond et vrai il y a dans ces paroles de la *Politique universelle* : « L'arbre de la liberté ne pousse de racines et ne porte des fruits qu'où il a été semé et non où il a été transplanté ? » Regardez à ces républiques que, dans nos guerres révolutionnaires, nos soldats ont tirées de leurs gibernes pour les implanter en Italie. Combien ont-elles duré ?

Voulez-vous savoir dans quelle mesure les peuples mêmes qui se disent les plus dignes de la liberté sont capables de recevoir cette nourriture de lion ? Regardez à l'Espagne. Hier encore elle n'a pas osé proclamer le premier article du décalogue de l'humanité : la liberté de conscience. Que pourraient contre cela les interventions armées de toutes les démocraties du monde ? Et sommes-nous certains qu'au sein des nationalités dont la résurrection

nous tente, nous n'aurions pas à subir des mécomptes plus tristes encore?

Laissons donc, nous aussi, les morts ensevelir
leurs morts, et allons à ce qui est vivant, à ce qui
monte vers l'avenir, et non à ce qui redescend vers
le passé.

Or ce qui vit, ce qui monte vers l'avenir, c'est
l'unité humaine, qui conduit à la paix, à l'amour;
et non les nationalités, qui ne perpétuent que les ja-
lousies, la haine, la guerre.

Ce qui vit, ce qui monte vers l'avenir, c'est la
science qui multiplie les éléments de la paix et de
l'amour, par l'accroissement et le perfectionnement
des découvertes qui servent à la fois les intérêts de
la prospérité de l'homme et de la société; et non
la science qui fait l'impuissance de la guerre, par
l'accroissement et le perfectionnement mêmes des
engins neutralisés de la guerre.

Ce qui vit, ce qui monte vers l'avenir, c'est l'Idée,
c'est son verbe : « *La presse abat les murs de la patrie,* » a dit Béranger; ce sont toutes ces merveilles
de la vapeur qui marche et qui renverse ou fran-
chit toutes les frontières, montagnes ou fleuves; de
l'électricité qui écrit et qui met en communication
instantanée toutes les langues et toutes les intelligences du monde à travers les terres, comme à travers les océans.

4

Ce qui vit, ce qui monte vers l'avenir, ce sont ces intérêts de la vie morale et de la vie matérielle, qui, parqués et hérissés hier encore dans un patriotisme étroit, inquiet, jaloux et hostile, se rapprochent aujourd'hui sans se heurter, et, sur tous les points du globe, s'en vont déjà les uns chez les autres pour s'entr'aider et se confondre.

Voilà ce qui, plus que les enthousiasmes de la guerre, plus que les résurrections de nationalités, empêchera de jour en jour davantage le monstre du despotisme de se nourrir de peuples, de droits et de libertés. Voilà ce qui mêlera les nations, sans les broyer ; ce qui, au lieu de l'éloigner, rapprochera cet avenir de la démocratie naturelle que Chateaubriand plaçait au delà de tout horizon visible. Voilà ce qui pourra nous conduire au but sans nous faire traverser cette décomposition sociale dont une fois déjà les germes ont mis tant de siècles à fermenter pour produire un monde nouveau.

Aveugle qui ne voit pas ce travail avancer dans ce siècle, sous la pression et avec la complicité des faits mêmes qui semblent devoir l'interrompre ! Insensé quiconque y mettra obstacle ! Au point où en est le monde, il en coûtera moins de pousser tous les peuples ensemble vers l'unité humaine que de retirer, pour les reconstituer à part, quelques autonomies éreintées, du milieu des nations qui les ont absorbées.

C'est pour cela que la *Presse* est avec les révolutionnaires de principes contre les révolutionnaires d'expédients, pour la paix contre la guerre, pour l'avenir contre le passé, pour l'humanité contre les nationalités.

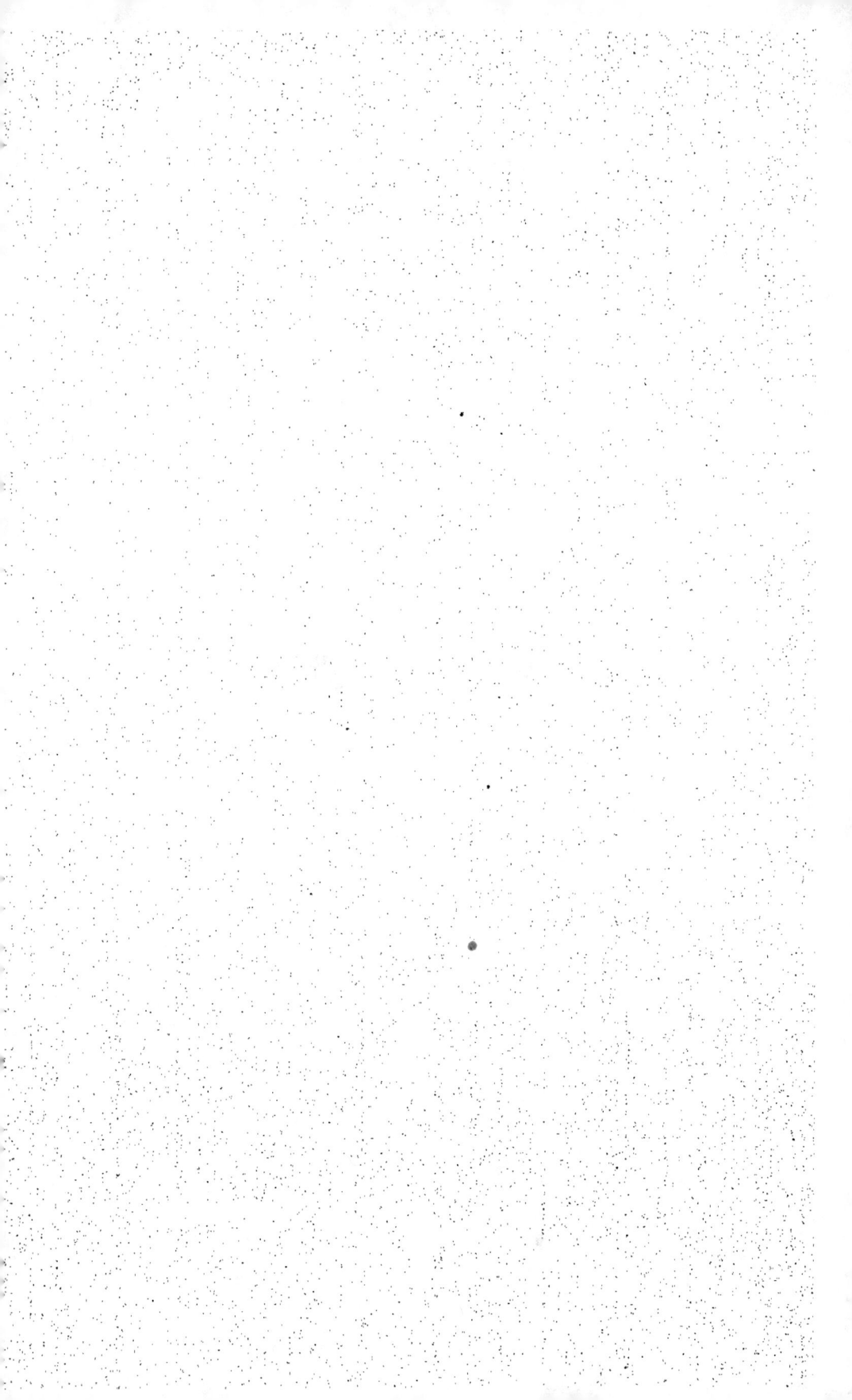

LES NATIONALITÉS ET LA CIVILISATION

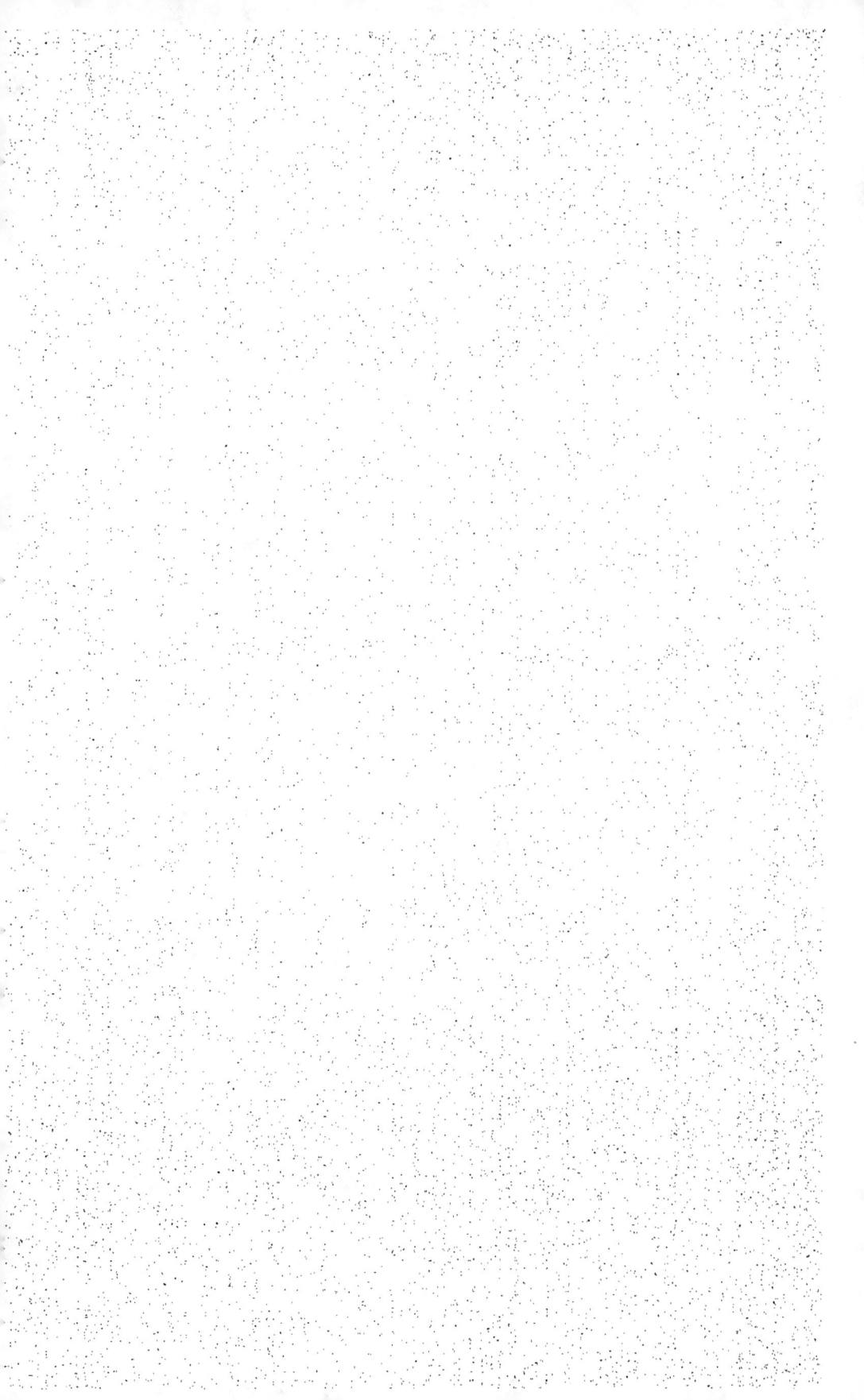

I

Au char de l'avenir s'attelant par derrière,
On veut, à reculons, le tirer dans l'ornière.
VIENNET.

Dans la *Presse* du 19 et du 20 avril, sous le titre
de la *Guerre et les Nationalités*, j'avais développé
ce théorème de l'avenir : « La démocratie porte en
elle les trois grandes idées de civilisation, de
liberté, d'unité, vers la réalisation desquelles l'humanité, à travers ses souffrances, ne cesse de
marcher. » Puis j'avais dit : « Interrogez cependant
les hommes qui se dévouent à leur triomphe sur
les moyens d'en faire la pierre de l'angle d'un
monde nouveau, la plupart vous répondront : Guerre
révolutionnaire, résurrection des nationalités. »
Les nationalités étant l'égoïsme, le morcellement,
la haine, la guerre, la barbarie, j'en avais conclu
que, tant qu'il y aurait des nationalités, la démocratie

ne pourrait atteindre son but final, le but suprême
de la sociabilité, qui est en même temps le terme
de la direction imposée à l'homme par sa propre
nature, par l'agrandissement indéfini de son existence.

Le théorème et la conclusion n'étaient pas de
moi ; je n'ai ni ne me sens pour cela assez d'autorité. Tout au plus en avais-je fourni et développé la
formule. Les preuves appartenaient à l'histoire ; les
aspirations qui en sont l'origine et le fond avaient
eu pour révélateurs les grands révolutionnaires de
de la grande époque de 89, et, avant et depuis,
comme par transmission, de siècle en siècle, les
hommes placés au plus haut des sommités intellec-
tuelles, et qui, tous, convergent vers cette grande
unité humaine, des points même les plus opposés
des religions, des philosophies, des politiques, des
partis, des sectes, des écoles.

D'abord Socrate. « On demandait à Socrate, dit
Montaigne, d'où il était. Il ne répondit point : D'A-
thènes, mais : Du monde ! Lui, qui avait l'imagina-
tion plus pleine et plus étendue, embrassait l'univers comme sa ville, jetait ses connaissances à la
société, et ses affections à tout le genre humain ;
non pas comme nous, qui ne regardons qu'à nos
pieds. »

Ensuite Plutarque. « Il viendra un temps... où

il n'y aura plus qu'une vie et une sorte de gouvernement parmi les hommes, qui n'auront plus qu'une langue entre eux et vivront heureusement. »

Puis Fénelon. « Je préfère ma patrie à ma famille, et l'humanité à ma patrie. »

C'est Bossuet qui dit : « Ce fut après le déluge que ces ravageurs de provinces que l'on a nommés *conquérants*, poussés par la seule gloire du commandement, ont exterminé tant d'innocents... Depuis ce temps, l'ambition s'est jouée, sans aucune borne, de la vie des hommes ; ils en sont venus à ce point de s'entre-tuer sans se haïr : le comble de la gloire et le plus beau de tous les arts a été de se tuer les uns les autres. »

Puis, c'est Pascal. « Se peut-il rien de plus plaisant qu'un homme ait le droit de me tuer parce qu'il demeure au delà de l'eau et que son prince a querelle avec le mien, quoique je n'en aie aucune avec lui ? »

C'est Voltaire qui arrive, et qui, dans ses *Réflexions*, écrit au bas de cette pensée de Pascal : « *Plaisant* n'est pas le mot ; » il fallait dire : « *démence exécrable*. » Et Voltaire en a dit bien d'autres pour témoigner du mépris en lequel il tenait les nationalités.

Rousseau vient en aide à Voltaire : « Le patriotisme et l'humanité sont deux vertus incompatibles

dans leur énergie, et surtout chez un peuple entier.
Cet accord ne s'est jamais vu ; il ne se verra jamais, parce qu'il est contraire à la nature. — Les
religions nationales, dit-il aussi, sont utiles
à l'État, mais elles sont nuisibles au genre humain. »

C'est Mirabeau qui s'écrie le 25 août 1790 : « Le
temps viendra sans doute où l'Europe ne fera qu'une
grande famille... L'Europe aura-t-elle besoin de
politique lorsqu'il n'y aura plus ni despotes ni es-
claves ?... La France aura-t-elle besoin d'alliés lorsqu'elle n'aura plus d'ennemis ?... Il n'est pas loin
de nous peut-être le moment où la liberté, régnant
sans rivale sur les deux mondes, réalisera le vœu
de la philosophie, absoudra l'espèce humaine
du crime de guerre, et proclamera la paix universelle. Alors se consommera le pacte de la fédération du genre humain. »

M. de Bonald, adversaire de la Révolution, a été
réduit à dire : « Comme la diversité des opinions
religieuses et politiques et la division qu'elle entre-
tient ont été la cause première de la Révolution
française, l'unité d'opinion en sera tôt ou tard le
grand et dernier effet. »

Ballanche parle comme Fénelon, Pascal, Voltaire,
Rousseau et tous ses illustres devanciers : « Un
grand ressort des temps anciens, dit-il, qui fut né-

cessaire à l'organisation primitive de la société, et qui ne peut plus être pour nous qu'une grande erreur, le sentiment exclusif de la nationalité, doit disparaître : il ne peut tenir devant les hauts sentiments d'humanité. — Le patriotisme, ajoute-t-il, a quelque chose d'injuste et de factice, outre qu'il est intolérant, terrible, et trop souvent cruel. »

Lamennais, un des penseurs de notre temps qui a le mieux vu au fond des luttes politiques et religieuses, dont il a pris sa grande part, a écrit :

« Rousseau regarde le christianisme comme peu propre à former des citoyens, à cause qu'il inspire un esprit de douceur et détache des choses de la terre, c'est-à-dire parce qu'il substitue l'amour universel des hommes à ce *farouche patriotisme, si fatal à l'humanité*, passion violente et impitoyable qui ne fait pas que les citoyens s'entr'aiment ; mais qui fait que l'on hait tout ce qui n'est pas concitoyen... Lorsqu'on vient à se représenter les affreux effets des haines nationales chez les anciens, l'âme consternée cherche de tous côtés un refuge contre ces souvenirs effroyables. »

Lamartine, qui, en ces mots : « La patrie de ses dogmes était le globe, » a résumé le vrai caractère de la première Assemblée des grands révolutionnaires, écrit sous les illuminations de son génie fécondé à leur source : « Nous sommes à une des plus fortes époques que le genre humain puisse franchir pour avancer vers le but de sa destinée divine : à une époque de rénovation et de transformation, pareille peut-être à l'époque évangélique... Nous allons à une des plus sublimes haltes de l'humanité, à une organisation complète de l'ordre social. Nous entrevoyons, pour les enfants de nos enfants, une série de siècles libres, religieux, moraux, rationnels, un âge de vérité, de raison, de vertu, au milieu des âges... En prenant Dieu pour point de départ et pour but, le bien général de l'humanité pour objet, la morale pour flambeau, la conscience pour juge, la liberté pour route, vous ne courez aucun risque de vous égarer. » Il ajoute :

« Les hommes de l'Assemblée constituante n'étaient pas des Français, c'étaient des hommes universels. On les méconnaît et on les rapetisse quand on n'y voit que des prêtres, des aristocrates, des plébéiens, des sujets fidèles, des factieux ou des démagogues. Ils étaient, et ils se sentaient eux-mêmes mieux que cela : DES OUVRIERS DE DIEU, appelés par lui à RESTAURER la raison sociale de l'humanité, et à ASSEOIR le droit et la justice dans l'univers.

« Aucun d'eux, excepté les opposants à la Révolution, ne renfermait sa pensée dans les limites de la France.

« La déclaration des Droits de l'Homme le prouve. C'était le décalogue du genre humain dans toutes les langues.

« La révolution moderne appelait les gentils comme les juifs au partage de la lumière et de la fraternité.

« Aussi n'y eut-il pas un seul de ses apôtres qui ne proclamât la paix entre les peuples.

« Mirabeau, la Fayette, Robespierre lui-même, effacèrent la guerre du symbole qu'ils présentaient à la nation. Ce furent les factieux et les ambitieux qui la demandèrent plus tard; ce ne furent pas les grands révolutionnaires.

« Quand la guerre éclata, la Révolution avait dégénéré. L'Assemblée constituante se serait bien gardée de placer aux frontières de la France la borne de ses vérités, et de renfermer l'âme sympathique de la Révolution française dans un étroit patriotisme.

« Clootz poussait la passion de l'humanité jusqu'au délire.

« Mais ce délire était celui de l'espérance et de la régénération.

« Les sceptiques le trouvaient ridicule, les patriotes le trouvaient banal, les politiques l'appe-

laient utopiste. Cependant Clootz ne se trompait
que d'heure.

« Les utopies ne sont souvent que des vérités
prématurées.

« La nation, qui pensait, qui combattait alors,
non pas pour elle seule, mais pour l'univers tout
entier, reconnaissait pour compatriotes tous les zé-
lateurs de la raison et de la liberté.

« Le patriotisme de la France, comme celui des
religions, n'était ni dans la communauté de langue,
ni dans la communauté de frontières, mais dans la
communauté des idées. »

Émile de Girardin, dans sa *Politique universelle*,
a raisonné ainsi : « Des risques de l'attaque est née
la nécessité de la défense; de la nécessité de la défense est née la pensée de s'associer; de la pensée
de s'associer sont nées, sous divers noms, la commune et la nation, l'une étant à l'autre ce que la
javelle est à la gerbe. » Ce ne sont là que les pré-
misses de cette conclusion suprême : les nationalités perpétuant elles-mêmes les risques de l'attaque, au lieu de les anéantir, les nécessités de la
défense doivent enfanter une association au-dessus
des associations nationales. Ainsi l'humanité sera
un jour pour les gerbes appelées nations, cette javelle que la nation a été pour ces gerbes, qui
s'appellent provinces et communes. »

L'auteur du livre de la *Science sociale*, de ce riche arsenal de la pensée humaine, rassemblé de tous les points du monde intellectuel, et où j'ai puisé la plupart de mes citations, M. Colins, qui, dans sa longue vie, a tant sacrifié à l'esprit de démocratie, a fini par ne voir la possibilité pratique de l'unité sociale que dans l'anéantissement des nationalités, et, dans l'unité sociale, le seul moyen d'en finir avec cet enfer des sociétés qui s'appelle la mutualité internationale d'égoïsmes, de rivalités, de haines, de guerres, de confusions, d'impuissances, de traités, de tarifs, de diplomaties, de conquêtes et de partages. « C'est que, écrit-il, tant qu'il y a des nationalités, le seul criterium social possible est la force; c'est que les intérêts nationaux sont alors en opposition avec l'intérêt humanitaire; c'est que l'intérêt de tous est alors en opposition avec l'intérêt de chacun, et que les intérêts personnels trouvent qu'il est raisonnable de ne travailler que pour soi, tant que travailler pour soi n'est point aussi travailler pour tous. »

Enfin, Chateaubriand, l'homme auquel il faut toujours revenir quand on veut avoir la personnification des mécomptes, des ennuis et des aspirations de ce siècle: l'Isaïe moderne qui, voyant dans notre temps un pont jeté sur un abîme entre deux mondes, plongeait dans le nouveau par les yeux de

l'esprit, tandis que, par les derniers liens de la chair,
il se traînait encore dans l'ancien; Chateaubriand
qui, royaliste par sentiment, démocrate par in-
stinct, écrivain par génie et par besoin, pair de
France par récompense de ses services, ministre et
ambassadeur par son ambition et sa foi en lui,
avait servi son parti, son roi et les nationalités, au
pouvoir, dans les Chambres, dans ses discours, dans
ses pamphlets, à Rome, en Angleterre, au congrès
de Vérone; Chateaubriand, dans la solitude, loin
du bruit, même du bruit des révolutions qui ger-
maient, « n'ayant plus, comme il le dit lui-même,
qu'à s'asseoir sur des ruines et à mépriser cette vie
qu'il dédaignait dans sa jeunesse; » ne laissant plus
ainsi arriver à lui que les bruits et les lueurs qui
viennent d'outre-tombe lorsqu'on y regarde et qu'on
écoute avec une âme ferme et sereine; débarrassé
déjà de tout le bagage de déceptions et de vanités
qu'il faut laisser derrière soi, Chateaubriand a écrit
ces lignes prophétiques, parmi tant d'autres qui
s'accomplissaient, qui se sont accomplies et qui
s'accompliront :

« Tout pouvoir renversé, non par le hasard,
mais par le temps, par un changement graduellement opéré dans les idées, ne se rétablit plus. En
vain vous essayeriez de le relever sous un autre nom,
de le rajeunir sous une forme nouvelle, il ne peut

rajuster ses membres disloqués dans la poussière où il gît, objet d'insulte et de risée. De la divinité qu'on s'était forgée, devant laquelle on avait fléchi le genou, il ne reste rien que d'ironiques misères. »

De cette pierre, scellée sur le sépulcre où les nationalités tombées gisent aussi bien que les pouvoirs renversés, Chateaubriand passe à l'avenir qu'il entrevoit, et où il n'y aura plus ni pouvoirs ni nations qui tombent :

« Le développement matériel de la société accroîtra le développement des esprits. Lorsque la vapeur sera perfectionnée ; lorsque, unie aux télégraphes et aux chemins de fer, elle aura fait disparaître les distances, ce ne sera plus seulement les marchandises qui voyageront d'un bout du globe à l'autre avec la rapidité de l'éclair, mais les idées. Quand les barrières fiscales et commerciales auront été abolies entre les divers États comme elles le sont déjà entre les provinces d'un même État ; quand les divers pays, prenant les mœurs les uns des autres et abandonnant les préjugés nationaux, les vieilles idées de suprématie et de conquête, tendront à l'unité des peuples.... par quel moyen ferez-vous rétrograder la société vers des systèmes épuisés ? Bonaparte lui-même ne l'a pu. »

Appuyé sur d'aussi imposantes autorités, dont j'aurais pu jusqu'à satiété augmenter le nombre ;

5

sur « cet accord de tous les hommes, » dont le comte
de Maistre disait : « Croyez-vous, messieurs, qu'il
puisse être méprisé? » sur tout ce qui donnait au
théorème et à la conclusion de la *Guerre et les
Nationalités* le caractère d'une vérité générale, je
pouvais me croire en règle ; en règle avec mes lecteurs, avec le but final de la démocratie, avec l'esprit dominant de la *Presse*, qui en fait le criterium
de ses doctrines, et aussi avec la raison d'être de
ma collaboration à ce journal, où, à ma rentrée de
l'exil, l'active et tendre amitié du rédacteur en
chef a bien voulu m'admettre.

Mais j'avais compté sans une foule d'hommes et
de choses, d'idées et de systèmes, de regrets et
d'impuissances que je croyais bien avoir fini leur
temps.

Oui, j'avais compté sans ces vieilles idées, sans
ces vieux systèmes qui prennent l'agitation pour la
marche et le galvanisme pour la vie, émergent toujours de quelque banc où on les croyait muets, et,
plaideurs éternels de procès perdus, saisissent au
collet le premier passant pour lui replaider leur
cause mise hors de cour par tous les degrés pos-
sibles de juridiction. J'avais compté sans ces hommes qui, surpris, déroutés par les événements
qu'ils n'ont pas prévus, ahuris dans leurs habitudes, dans la portée ordinaire et la manière d'être

de leur esprit, se tournent et se retournent dans leur même cercle sans parvenir à trouver une autre issue que celle qui s'est brusquement fermée sur eux.

J'avais compté encore sans *l'opinion de l'immense majorité du parti libéral*, lequel, pour avoir voulu enrayer à son milieu plus ou moins doctrinaire, mal défini, mal limité, mais en revanche aussi gourmé qu'impuissant, les grands principes de 89, me semblait bien avoir été enterré tout entier, hommes d'État, opinion, écrivains et orateurs, entre les deux Révolutions de 1830 et 1848 dont tous avaient été également inhabiles à conduire l'une et à empêcher l'autre. J'avais compté enfin sans la réimpression *d'articles, toujours les mêmes durant vingt années*, et auxquels, depuis 1848 et autres millésimes, manque le milieu où ils obtenaient *toujours le même succès*.

Je croyais naïvement que le moyen le meilleur de ne pas rentrer dans les ornières d'où on ne s'est désembourbé que par des efforts violents, qui brisent toujours quelque chose; de ne pas verser encore aux bornes où l'on s'est déjà meurtri, était, non pas de continuer à marcher dans les sentiers effondrés, parce qu'on ne sort d'une ornière creusée que pour en creuser une autre où l'on s'embourbe encore; non pas de déplacer la borne en la portant de gauche à droite si elle était à gauche, ou de droite à gauche si elle était à droite, mais de la jeter dans le fossé, et de s'en aller ailleurs ouvrir et construire une route nouvelle indiquée par tous ceux qui, planant au-dessus des embarras de la marche, montrent du doigt la seule issue qui ouvre sur l'espace libre; ce que M. de Girardin appelle si bien : « Élever les questions pour les simplifier, les simplifier pour les résoudre. »

Oui, je croyais cela et bien d'autres choses encore. Je me suis trompé. Soit ! Je le regrette; car ce n'est ni moi ni des principes m'appartenant en propre qui ont été contestés : c'est l'autorité, ce sont les principes, les aspirations, le dogme de l'avenir en quelque sorte, qui nous ont été transmis par ces philosophes, ces penseurs, ces publicistes, ces hommes d'État des temps anciens et des temps nouveaux, dont je n'ai été que l'écho affaibli.

Je ne suis donc pas libre de ne les point maintenir, de rien laisser à l'écart de ce qui peut les affirmer et leur donner raison. Et il ne faut même pas qu'ils aient raison à demi. Si j'étais vaincu, on dirait qu'ils sont vaincus, et les nobles intelligences qui, en si grand nombre, croient en eux, auraient le droit de me dire : Il ne fallait pas entrer dans leur héritage, puisque vous ne pouviez ni le défendre ni le garder. — « En vérité, je vous le dis : si celui-là se tait, les pierres mêmes parleront. »

II

« La presse abat les murs de la patrie. »
BÉRANGER.

C'est avec peine, a-t-on écrit, qu'on a vu se produire dans la *Presse* une opinion contraire à celle de *l'immense majorité du parti libéral*, « qui croit que, tant qu'on n'aura pas bien résolu la question des nationalités, il n'y aura ni repos pour l'Europe, ni sécurité pour les gouvernements, ni base pour les relations diplomatiques, ni possibilité d'un système d'alliances. »

Cela étant, qu'avait-on à faire ? Tout simplement l'une des deux choses que voici :

1° Se camper fièrement sur mon terrain ; prendre mon théorème corps à corps et l'écraser sous l'une des trois démonstrations suivantes : — La démocratie n'a pour but final ni la liberté, ni la civilisation, ni l'unité, et, en tout cas, elle est impuissante à l'atteindre ; — ou bien les nationalités sont la fraternité et non l'égoïsme, l'amour et non la haine, la paix et non la guerre, l'unité et non le morcellement ; — ou bien encore, la civilisation n'est ni la liberté, ni la paix, ni la justice, ni le droit, ni l'unité ; la civilisation est la guerre, le despotisme, la division, la force, l'iniquité, la conquête, le partage.

2° Ce qui eût été probablement plus commode, il fallait s'établir largement sur le terrain qu'on avait soi-même choisi. On avait la liberté, l'espace n'a point manqué. Et alors, au lieu de mettre au concours une question dont, avec « *l'immense majorité du parti libéral*, » on déclarait avoir la démonstration, on n'avait qu'à prouver, de la façon qu'on l'eût voulu, qu'il existait bien réellement un moyen sûr, infaillible, de donner le repos à l'Europe, la sécurité aux gouvernements, une base inébranlable aux relations diplomatiques et à un bon système d'alliances : toutes choses qui ont été vainement cherchées jusqu'ici, qui du moins n'ont jamais fonctionné, et dont l'invention et surtout la mise en train équivaudraient pour le moins à la fameuse découverte, toujours attendue, de la quadrature du cercle.

Si, dans l'un de ces deux ordres d'idées, une

preuve, une seule preuve, avait été faite, mais, là,
ce qui s'appelle faite, je me serais tenu pour battu,
moi, mon théorème, ma conclusion et mes autorités.
J'aurais dit du génie de mes auteurs ce que Caton
disait de la vertu : « Tu n'es qu'un nom ! » et je serais passé aux nationalités-amour, fraternité, paix,
unité; ou à la civilisation-guerre, despotisme, division, force, iniquité, conquête et partage.

Car la persistance dans l'erreur démontrée, je ne
l'appelle point constance par fortitude d'esprit, je
l'appelle obstination par impuissance. C'est pour
cela que je ne suis ni à un homme ni à un parti, ni
au Sénat ni au Mont-Aventin, ni à Marius ni à Sylla,
ni à Pompée ni à César. N'ayant ni fanatisme, ni orgueil, ni ambition, je suis à la justice et à la vérité.
Quand elles me sont prouvées, je les tiens, elles me
tiennent, j'y tiens; et, pour les affirmer, je sais, à
l'occasion, sans me plaindre ni me vanter, et comme
une conséquence toute naturelle, prendre ma part
d'afflictions et de misères, et porter ma croix jusqu'au bout.

Au lieu de m'écraser sous l'une des preuves que
je demande, qu'a-t-on fait?

Ces *fils de Voltaire*, qui sont toujours prêts à
coiffer d'un bonnet de sacristie quiconque se permet
d'émettre un avis contraire au leur, se sont conduits
avec moi en vrais chanoines du *Lutrin*. Ils m'ont

jeté à la tête toutes sortes d'in-folio : dictionnaires
de dates, dictionnaires de langues, dictionnaires de
géographie, livres d'histoire, traités du droit des
gens, traités de diplomatie, traités d'équilibre, Gro-
tius, Vattel, Puffendorf, leurs glossaires, et que sais-
je? toute une *bibliothèque renversée*. Il paraît même,
Dieu me pardonne! que, tout comme de simples
fils de Croisés, ces messieurs croient à la tour de
Babel ; ils y rattachent le berceau des nations pour
faire de la confusion des langues et de la multiplicité des peuples un principe éminemment provi-
dentiel et tenant à la nature même des choses.
Oui, leur certitude philosophique en histoire va
jusque-là.

Qu'a-t-on prouvé avec tout cet étalage de dates,
de linguistique, de géographie, de traités mis sur
des traités ?...

Avec des dates, on a eu la chronologie des faits,
et non leur philosophie; ce qui est cause que les
faits ont rebondi souvent au visage de celui qui les
couchait sur son lit de Procuste de rencontre.

Avec un dictionnaire polyglotte, on a eu le sens
relatif que chaque nation attache aux mots, mais
non le sens absolu, universellement accepté, qui
seul peut donner aux mots l'autorité d'un principe.

Avec un dictionnaire géographique, on est arrivé
tout justement à démontrer la vérité de cette pensée

de Pascal : « Vérité en deçà, erreur au delà; » ce qui ne me semble point devoir être une des conditions du progrès de la civilisation, à moins que civilisation ne veuille dire ténèbres.

Quant aux preuves que les doctrinaires du dogme des nationalités ont pu extraire des livres et des traités de diplomatie, de droit des gens, d'équilibre, d'alliances, et autres belles inventions nées des morcellements et des guerres de l'époque féodale, perpétuées dans la nôtre en passant par privilége des vassaux aux suzerains et des provinces aux nations, nous allons en voir une très-curieuse exhibition par eux-mêmes.

Comme je discute non pour me donner raison, mais pour donner raison à la vérité, je ne veux pas, à l'exemple qui m'a été montré, m'escrimer d'un côté quand mes contradicteurs ont chevauché d'un autre. Ce moyen de ne jamais se rencontrer et de chanter un *Te Deum* dans les deux camps n'est pas à mon usage.

Je vais donc faire ce qu'ils n'ont point fait : entrer sur leur terrain, emboîter leur pas, les prendre corps à corps, et, si je ne trouve que le vide ou contradictions sur contradictions, eh bien, ce sera toujours cela de démontré ; sans préjudice toutefois de la preuve à extraire de leurs *cinq articles*, dont ils ne se doutent pas, et qui va leur appartenir bien

en propre, à savoir, que nationalité et civilisation
sont deux termes opposés qui se repoussent, s'ex-
cluent fatalement, invinciblement, par-devant les
faits et par devant la logique, lesquels, dans leur
ordre respectif, sont les résultantes de la loi inexo-
rable de la nature des choses.

« Qu'est-ce qu'une nationalité? a-t-on dit, qu'est-
ce que l'équilibre? Cet équilibre existe-t-il, a-t-il
jamais existé? »

La réponse à la première question s'est fait attendre, et, après les *cinq articles*, nous l'attendons
encore. Pour ce qui est de l'équilibre, après avoir
réparti entre les soixante États européens les deux
cent cinquante millions d'habitants qui les composent, on a été acculé à cette conclusion : *l'équi-*
libre naturel n'a jamais existé.

Il n'existe donc en Europe qu'un équilibre factice
et de convention, une fiction, pour parler la langue
du libéralisme, où tout est fiction, comme on sait.
Le monde moral y marche par des fictions morales ;
le succès s'appelle justice, la passion s'appelle vertu,
la force s'appelle droit, et le devoir est la nécessité
de céder à la justice et à la force ; partout sont des
fictions de sentiments, de principes, de probité.
Aussi voit-on où nous allons sous les éclairements
de ces lumières louches. Dans le monde politique
et social, il y avait des fictions légales, qui font, dit

Lamennais, « que tel fripon est un honnête homme, tel sot un homme d'esprit, tel fieffé coquin déclaré impeccable, et tel privilégié proclamé inviolable qu'on chasse ou à qui on coupe la tête ; ceux-ci ne répondent pas de ce qu'ils font, ceux-là répondent de ce qu'ils ne font pas. » Or nous avons vu, en notre temps, où les gouvernements et les sociétés ont été conduits par les fictions légales.

Si, pour maintenir leur équilibre et leur harmonie, les mondes n'avaient pour lois que des fictions physiques, il y a longtemps que la machine ronde serait rentrée dans le chaos. Est-ce donc autre chose que le chaos qui peut être fait sur le monde de la politique internationale par les fictions diplomatiques d'un équilibre factice et de convention ?

On s'est chargé de la réponse : « Les grands États, a-t-on dit, se sont toujours servis de leur puissance pour s'étendre aux dépens de leurs voisins. »

Voilà, ce me semble, une habitude fort compromettante en tout temps pour la durée de l'équilibre de convention. Elle l'a été surtout depuis le dix-huitième siècle, « époque à laquelle, dit-on, s'est introduite en Europe une politique ayant pour but de sacrifier les États faibles aux combinaisons politiques et géographiques des États forts. »

C'est-à-dire qu'au moyen de fictions diplomati-

ques, ce qui était à l'état seul de violence, d'abus,
d'iniquité, de vol, a été régularisé, sanctionné, légi-
timé et constitué en un droit par les grands États
eux-mêmes. O sainteté du droit des gens!

Mais, contre de telles fictions, où trouver un re-
mède qui lui-même ne soit pas une autre fiction?
Comme cette politique s'est appelée *politique de
convenance*, à la convenance des grands États, faudrait-il opposer la convenance des petits? Mais, après
l'enquête de *commodo et incommodo*, qui déciderait?
Le droit ou la force? les petits États ou les grands?
Écoutez la réponse; elle est naïve :

« Les combinaisons d'équilibre ont été imaginées
pour protéger les faibles contre les forts, et elles ont
constamment et uniquement assuré la prépotence
des forts et l'oppression des faibles. Si *cet équilibre
n'est pas une chimère*, ajoute-t-on, la diplomatie depuis cent cinquante ans a pu l'établir quatre fois :
en 1700, 1740, 1814 et 1815. »

Et pourquoi la diplomatie ne l'a-t-elle pas établi,
cet équilibre sauveur? Oh! dit-on, « pour des raisons qu'on n'a pas à rappeler... » Eh! mon Dieu!
n'éludez pas la réponse. Des raisons? Il n'y en a
qu'une : cet équilibre est une chimère.

« Jamais, a dit Mirabeau, jamais chimère (car
c'en est une bien réelle, et je défie tous nos politiques de prouver le contraire par des faits) ne fut si

avidement reçue, alimentée de tant de trésors et
arrosée de tant de sang. La balance politique est
encore aujourd'hui le leurre dont se servent les
habiles pour l'avancement de leurs vues d'intérêt
personnel, et la phrase formulaire dont les sots à
prétention couvrent leur stupidité. » C'est un peu
brutal; mais que faire? c'est du Mirabeau.

Depuis Mirabeau, éclairés comme lui par 1700
et 1740, et enrichis des éclaircissements de 1814 et
1815, de très-illustres publicistes ont fait entendre
sur les fictions de l'équilibre le même mot, *chimère
alimentée de trésors, chimère arrosée de sang.*

Lamennais a dit : « On avait proclamé le règne
de la force; on lui demanda une garantie contre
elle-même, et de là ce système de balance entre les
États, *balance chimérique* qu'on crut fixer par des
traités de Westphalie, et qui, dérangée toujours et
toujours cherchée, est toujours le grand œuvre des
Rose-Croix de la politique. Jamais peut-être il n'y
eut plus de guerres, ni des guerres plus sanglantes,
ni des usurpations plus iniques et plus audacieuses
que depuis l'invention de ce système destiné à les
prévenir; et la loi suprême de l'intérêt, promulguée
solennellement par quelques puissances qui veulent voir le fond de cette doctrine, ne semble pas
promettre à l'Europe des destinées plus tranquilles
à l'avenir. Du reste, les mêmes causes qui détruisi-

rent la grande société des peuples et arrêtèrent le
progrès de la civilisation chrétienne, agissant aussi
dans chaque État, y produisirent des effets semblables. Les rapports de justice furent ébranlés, et le
droit sacrifié souvent à l'avarice et à l'ambition. Il
était difficile que les maximes par lesquelles les
souverains réglaient leur conduite au dehors ne pé-
nétrassent pas plus ou moins dans le gouvernement
intérieur, et cela sous des princes même religieux;
parce que, distinguant deux personnes diverses
dans le monarque, on se persuadait que la règle
des devoirs était autre pour l'homme, autre pour
le roi, à raison de la souveraineté qui légitime tout,
n'ayant aucun juge ni aucun supérieur sur la terre.
On en a dit autant du peuple, et pour la même raison, lorsqu'on l'a déclaré souverain. Ainsi donc, et
ceci mérite qu'on y réfléchisse, en séparant, contre
la nature essentielle des choses, l'ordre politique
de l'ordre religieux, le monde a été aussitôt menacé
d'une anarchie ou d'un despotisme universel; la
sécurité des États est demeurée sans garantie, ou
l'on n'a eu pour garantie qu'une balance illusoire
des forces. Chaque État soumis, dans son intérieur,
à la même cause de désordre, a marché également
vers le despotisme et l'anarchie; et, pour échapper
à ces deux fléaux des sociétés humanitaires, qu'a-
t-on jusqu'à ce jour imaginé? Encore une balance

des forces, ou, en d'autres termes, des *pouvoirs*:
voilà tout : on a fait des traités de Westphalie.

« Et, comme les nations divisées par leurs intérêts, seules lois qu'elles reconnaissent en tant
que nations, n'ont aucun lien commun, et, au lieu
de former entre elles une société véritable, vivent
à l'égard les unes des autres dans un état d'indépendance sauvage; ainsi, là où plusieurs pouvoirs
indépendants sont établis, il n'existe non plus aucune vraie société; l'État est perpétuellement en
proie à la lutte intestine des intérêts divers qui
cherchent à prévaloir. Tous se défendent, tous at-
taquent; la pensée de chacun, son désir, étant son
droit, nul n'est lié envers autrui dans l'ordre politique, et les troubles succèdent aux troubles, les révolutions aux révolutions, jusqu'à ce que cette démocratie de sauvages policés enfante avec douleur
un despote. »

Edgar Quinet a écrit : « Évoquerons-nous aujourd'hui des fantômes de Guienne, de Normandie,
de Bourgogne, de Champagne, de Franche-Comté,
pour chercher les éléments d'un art novateur, et
rangerons-nous en bataille ces mots glorieux contre
l'esprit et le génie de notre temps? À Dieu ne
plaise! Les barrières qui séparaient les intelligences les unes des autres dans ce pays sont tombées;
qui pourrait, qui voudrait les relever? Une même

âme, une même vie, un même souffle, parcourent aujourd'hui la France entière. Un même sang circule dans ce même corps. Au lieu de nous renfermer dans l'enceinte des opinions, des préjugés, des sentiments même d'une partie quelconque de ce pays, il faut donc travailler à penser en commun avec lui. » — « Au sein de nos traditions locales, élevons-nous avec lui jusqu'à la conscience de ses destinées; c'est de ce point de vue seulement que nous pourrons, comme du sommet d'une haute tour, embrasser tout l'horizon moral de notre temps. Hommes de province, la France a grandi sous nos ruines; ce sont nos débris qui ont fait son marchepied. Resterons-nous ensevelis dans le règne d'un passé qui n'est plus et qui ne doit pas renaître? Ou plutôt ne nous convierons-nous pas les uns les autres à nous associer à ce génie de tous et qui couvre nos discordes passées de ce grand nom de France? Cette question, il me semble, est résolue pour nous. En effet, dans cette assemblée, je cherche des provinciaux, je ne trouve que des Français. Mais, si la conscience de ce pays, dans la suite de son histoire, s'est élevée par degré de la commune à la province, de la province à la France, je dis, de plus, que cette progression ne doit pas s'arrêter à ces termes. En effet, toute belle qu'elle est (et je vous supplie de ne pas vous méprendre

sur la parole que je vais prononcer), toute resplen-
dissante qu'elle est dans la famille des peuples, la
*France n'est pourtant qu'une province de l'huma-
nité;* et, si nul d'entre nous ne consent à s'enfer-
mer dans les habitudes d'esprit d'une fraction de
territoire, par une raison semblable, ce pays tout
entier aspire d'un même effort à sortir de ses propres liens pour connaître ce qui se passe hors de
lui, et se confondre ainsi avec le génie du genre
humain lui-même. Combien, à ce point de vue,
l'esprit de Londres, de Paris, de Pétersbourg, de
Philadelphie, n'est-il pas encore provincial! Visitez
ces grands rassemblements d'hommes, interrogez-
les les uns sur les autres, vous verrez combien ils
se connaissent mal, et combien, en vertu de cette
ignorance, ils se décrient mutuellement. Querelles
de district et de canton dans le grand empire de la
civilisation moderne. »

Victor Cousin, parlant, en 1840, d'Adam Smith
devant l'Académie des sciences morales et politiques, a dit :

« L'Europe est un seul et même peuple dont les
différentes nations européennes sont des provinces,
et l'humanité tout entière n'est qu'une seule et
même nation qui doit être régie par la loi d'une
nation bien ordonnée, à savoir la loi de justice,
qui est la loi de la liberté. La politique est distincte

de la morale, mais elle n'y peut être opposée. Et qu'est-ce que toutes les maximes inhumaines et tyranniques d'une politique surannée devant les grandes lois de la morale éternelle? Au risque d'être pris pour ce que je suis, c'est-à-dire pour un philosophe, je déclare que je nourris l'espérance de voir peu à peu se former un gouvernement de l'Europe entière, à l'image du gouvernement que la Révolution française a donné à la France. La sainte alliance qui s'est élevée il y a quelques années entre les rois de l'Europe est une semence heureuse que l'avenir développera, non-seulement au profit de la paix, déjà si excellente en elle-même, mais au profit de la justice et de la liberté européenne. »

— « Tous ces systèmes d'opposition et de balance, dit Destutt de Tracy dans son *Commentaire sur l'Esprit des lois,* ne sont jamais, je le répète, que de vaines singeries ou une guerre civile réelle. Les nations sont, à l'égard les unes des autres, dans l'état où seraient des hommes sauvages qui, n'appartenant à aucune nation et n'ayant entre eux aucun lien social, n'auraient aucun tribunal à évoquer, aucune force publique à réclamer pour en être protégés ; il faudrait bien qu'ils se servissent chacun de leur force individuelle pour se conserver. »

Donc, tant que les choses seront ainsi, la force

résoudra seule les questions d'équilibre ; et, comme
il est dans la loi des nations faibles d'être absorbées
par les nations fortes, il est aussi impossible d'aller
contre cette fatalité des nationalités que de faire
qu'un cercle soit carré, et qu'un bâton n'ait qu'un
bout... En ce moment, la France et l'Angleterre se
sont constituées, entre la Turquie et la Russie, en
ce tribunal à invoquer dont parle Destutt de Tracy,
et dont avant lui ont parlé Henri IV, Frédéric II et
Napoléon Iᵉʳ. Eh bien, qu'arrivera-t-il de la force
des deux grandes puissances de l'Occident mise au
service du droit, et dont de perfides neutralités
gênent, paralysent ou menacent les efforts?... Eh!
qui le sait ?

La force elle-même ne peut donc suffire à l'en-
fantement de l'équilibre. Que la force de l'iniquité,
en effet, tienne seulement en échec la force de la
justice, et l'état de violence et de perturbation sera
perpétué jusqu'à ce que, hasard, épuisement ou
lassitude, l'équilibre soit rompu. Le monde est
exposé à s'en aller ainsi trébucher de siècle en
siècle, tantôt à l'iniquité, tantôt au droit, mais
toujours à la force, c'est-à-dire *au sang versé, aux
trésors épuisés.*

Aussi a-t-on dit : « C'est en dehors des moyens
ordinaires et des vieilles combinaisons de la diplomatie (et on aurait bien pu ajouter de la guerre)

qu'il faut chercher la solution de questions jusqu'ici insolubles. » — De semblables conseils ne veulent rien dire, ou ils signifient qu'il faut renoncer à chercher l'équilibre, ou bien se condamner à le constituer avec les éléments mêmes qui, par essence, résistent à l'équilibre. Ce qui est tout bonnement la stupidité dont parle Mirabeau.

Or, logiquement (et ce qui est logique arrive nécessairement), toute impuissance d'équilibre a pour terme un niveau. L'équilibre européen, à bout de voie, aura donc ce terme fatal. Le niveau, quel sera-t-il? Il n'y a que deux niveaux pour la société: l'égalité dans la liberté ou l'égalité dans le despotisme, par la civilisation ou par la barbarie. Et comme l'égalité, c'est l'unité, les nationalités qui sont la division, les nationalités qui sont les éléments impossibles d'un équilibre impossible, sont fatalement destinées à disparaître, soit dans l'unité de la civilisation, soit dans l'unité de la barbarie, dans l'unité de la liberté ou dans l'unité du despotisme.

Je n'avais pourtant pas dit autre chose. Seulement, ayant à émettre un vœu, j'avais opté pour la disparition des nationalités dans la liberté et la civilisation. Pourquoi a-t-on vu avec peine se produire dans la *Presse* ce moyen suprême, qui est dans les conditions mêmes de la sociabilité et de la nature intelligente de l'homme, d'en finir avec des questions qu'on déclare soi-même insolubles ?

Après avoir reconnu que les hommes qui s'étaient voués à leur solution « avaient été cependant des hommes d'une expérience et d'une capacité rarement égalées depuis lors, » continuer à chercher, je le répète, cette nouvelle quadrature du cercle, ne serait-ce pas une présomption à nulle autre pareille ? Et serait-ce, comme on l'a dit, *avoir tranché si cavalièrement la question des nationalités* que de l'avoir tranchée par l'un de ces moyens qu'on a recommandé de chercher en dehors des combinaisons ordinaires, caduques et impuissantes de la diplomatie et de ses fictions ?

En avait-on un autre ? que ne le donnait-on ? L'a-t-on donné ? nous allons voir.

III

« Qu'est-ce donc que la patrie?

« Où était la patrie du duc de Guise, le
Balafré? Était-ce à Nancy, à Paris, à Madrid,
à Rome?

« Quelle patrie aviez-vous, cardinaux de
la Balue, Duprat, Lorraine, Mazarin?

« Où fut la patrie d'Attila et de cent héros de ce genre, qui, en rôdant toujours,
n'étaient jamais hors de leur chemin? »

VOLTAIRE.

Ne relevons pas cette façon de discuter, qui ca-
ractérisait jadis la polémique du parti libéral. Ar-
gumentant, non pour donner raison à la raison,
mais pour avoir raison soi-même, on faussait, on
amoindrissait un adversaire, pour ne le combattre
que dans son texte mutilé et dans ses idées altérées.
Ceux qui m'ont lu savent bien que j'avais bâti mon
théorème de la *Guerre et les Nationalités* sur autre
chose que sur ce vers :

L'égoïsme et la haine ont seuls une patrie.

Mais je m'arrête à l'abus qui a été fait de cette façon de polémique; non contre moi, qui en ai peu de souci et qui n'ai fait que citer ce vers, mais contre le grand poëte, plus grand citoyen encore, qui l'a écrit, qui a droit au respect de tous, et dont il est peu digne, pour les besoins d'un sophisme, de dénaturer la pensée.

En s'écriant, au sujet des quatorze armées poussées à la frontière par la Convention : « Si l'égoïsme seul a une patrie, nos pères, en repoussant les Prussiens de Brunswick, étaient les *égoïstes*, et les Prussiens de Brunswick les *humanitaires;* » on a plus fait de chauvinisme que d'élan de cœur, et surtout d'éclairement de raison, d'abord; et ensuite on a feint de confondre le patriotisme généreux admis par tout homme de cœur, qui résiste à l'invasion du pays, et le patriotisme haineux qui s'en va porter l'invasion chez les autres, et que repousse tout homme de raison pour qui la réciprocité est la grande loi de vérité et de justice.

Mais cette confusion qu'on a faite, je l'accepte; et, puisqu'on a écrit qu'il fallait en finir avec les grands mots vides de sens (et j'ajoute : ou qui n'ont qu'un sens dont on se raille), je vais aller au fond des choses. Je veux dire tout haut ce que pensent tout bas les disciples des fictions morales, légales, sociales, politiques et sentimentales, sur lesquelles s'échafaudent les sophismes à l'usage des habiles qui exploitent les sots, et des présomptueux qui veulent ressusciter les morts.

Si, à cette heure, je dis tout entière la vérité, que par certaines convenances je n'avais dite qu'à demi, au risque de lui faire subir le sort de toute vérité incomplète, qui est d'offusquer comme un paradoxe; si j'achève de dissiper des illusions que, par la commisération qu'elles inspirent, je n'avais qu'effleurées, au risque de les voir travailler à se renouer et siffler contre moi, comme fait pour ses tronçons le serpent dont on n'a pas écrasé la tête, qu'on ne s'en prenne qu'à la contestation dont les aspirations vers le but final de la démocratie et de la nature de l'homme ont été l'objet; qu'on ne s'en prenne qu'à ces immobilisés dans les regrets, dans les mécomptes, dans les intérêts et dans toutes les ténacités impuissantes du passé.

Si le patriotisme, sur l'existence duquel on se fonde pour proclamer le principe de la nationalité, est un sentiment absolu, adéquat à l'existence du pays qui l'engendre; s'il est indépendant du temps et des circonstances capables de l'altérer au point qu'on pourrait le croire éteint; s'il n'entre en lui aucun mélange d'égoisme, d'intérêt personnel; si l'on s'arme, si l'on se bat, si l'on meurt uniquement par amour de la patrie, pour repousser l'in-

vasion qui déborde les frontières, voudrait-on me
dire pourquoi, en 1814 et 1815, le patriotisme ne
s'est ni ému, ni levé, ni armé, — au contraire! —
contre les Prussiens des Brunswick de ce temps,
doublés de Russes, d'Anglais, d'Allemands, et de
toute sorte de races du Nord en grande multitude,
de même qu'il s'était ému, levé, armé, en 92, et
aux jours glorieux de la République?

Quand Longwi, Verdun, étaient pris, Lille bloquée,
la tranchée ouverte devant Thionville, deux cent
mille Autrichiens et Prussiens débordés sur la frontière, et le roi de Prusse marchant sur Paris avec
son armée déjà en Champagne, la patrie était-elle
plus en danger qu'en 1814 et 1815, lorsque Fran-
çois d'Autriche, Frédéric de Prusse, Alexandre de
Russie, Wellington d'Angleterre, inondaient de leurs
croates, de leurs kalmouks, de leurs kinserlitz, de
leurs jupons écossais et de leurs jaquettes rouges
les vallées de la Garonne et les plaines de l'Alsace
et de la Champagne, où seuls nos soldats livraient
leurs grandes et héroïques batailles de géants?

Le patriotisme qui a appelé les volontaires des
quatorze armées de la Convention *des héros*, et le patriotisme qui a appelé *des brigands* les soldats de
l'armée de la Loire, sont-ils le même patriotisme?

Si le patriotisme est toujours un, toujours le
même, ayant toujours pour but unique et pour uni-

que mobile l'amour et la défense de la patrie, pourquoi les patriotes de 1814 et ceux de 1815 ne se sont-ils pas élancés de tous les points de la France pour former un mur de poitrines vivantes contre le désastre de Waterloo? Pourquoi n'ont-ils pas, en trois jours, enfanté, dans Paris seulement, comme au temps de la Convention, une armée de quarante mille hommes, et voulu être aussi à leur tour « ces volontaires sans pain, sans chaussures, sans armes, qui sont l'admiration de l'histoire, l'honneur de la France, l'éternel objet de notre vénération, » et, croyez-le bien, aussi de la mienne?

Les fils de leurs pères par la chair n'ont donc pas été les fils de leurs pères par l'esprit! Le patriotisme n'est donc pas un sentiment absolu, inhérent au fait seul de l'origine; il est un sentiment relatif, subordonné aux temps, aux circonstances; et le patriotisme d'une circonstance, d'un temps, n'est pas le patriotisme d'une autre circonstance, d'un autre temps. Il y a donc eu dans le patriotisme, sous la République, un mobile décisif autre que le sentiment et l'amour de la patrie, et qui ne s'est pas trouvé dans le patriotisme de 1814 et de 1815. Ce n'est donc pas le même patriotisme qui, ayant poussé les uns, a retenu les autres?

Eh bien, non! et ceux qui raillent « l'égoïsme a seul une patrie; » ceux qui font des tirades sur le

patriotisme de l'époque républicaine, en convien-
nent. Non, à leurs yeux, pas plus qu'aux nôtres, ce
n'est le seul patriotisme qui a poussé aux frontières les quatorze armées de la grande République; car on n'a pas écrit : « L'amour de la patrie
enfanta en trois jours une armée de quarante mille
hommes; » mais on a écrit : « L'enthousiasme de la
liberté enfanta.... »

En évoquant ces deux époques, dont l'une est la
gloire et l'autre la honte de ce qu'on appelle patriotisme, il faut donc reconnaître qu'au-dessus de
ce sentiment il en existe un autre qui le domine,
qui l'enfante, et qui, lorsqu'il n'existe pas, le laisse
à l'état de cadavre, de mot de néant. En 92 et 93,
ce sentiment dominateur et créateur s'est appelé la
liberté.

Je vais plus loin. Ce sentiment lui-même de
la liberté se combinait en 93 avec un autre sentiment plus étroit, plus personnel, plus égoïste encore.

La noblesse, le clergé, avaient été rasés du sol
avec tous leurs priviléges. Ce qui en était resté
avait émigré, et suivait, dans les bagages du roi
de Prusse, avec les rancunes, les colères et les
appétits de réintégration. Leur rentrée avait alors
pour signification : rétablissement absolu de tous
les droits de corps et de caste. Voilà la part de

liberté conquise que les patriotes coururent défendre.

Mais ce n'étaient pas leurs priviléges seuls qui
avaient été enlevés au clergé et à la noblesse :
c'étaient aussi leurs parcs, leurs châteaux, leurs
terres, que, par la vente à vil prix et le morcellement, la Révolution avait fait passer aux mains des
plébéiens, qui, sous les noms divers d'artisans,
d'ouvriers, de paysans, avaient planté et bâti les
uns, sans en jouir jamais, et toujours cultivé les
autres, sans en jamais pour eux ramasser les mois-
sons. C'est ce droit à la propriété, cette possession
de la propriété, que les plébéiens des quatorze armées révolutionnaires allèrent défendre, aimant
mieux mourir que de redevenir vassaux et déshérités, de maîtres et possesseurs que la Révolution les avait faits.

En 1814 et en 1815, les nobles et le clergé ren-
traient bien dans les bagages des armées étran-
gères; mais les plébéiens n'avaient plus rien à
craindre, ni des priviléges, qui étaient morts pour
toujours, ni des revendications de propriétés, dont
la possession leur était un fait acquis et consacré,
déclaré à jamais irrévocable par les rois rentrants
eux-mêmes.

Qu'on ne parle donc plus comme d'un principe
démontrant la raison d'être des nationalités, de ce

patriotisme qu'on fait sonner si haut pour certains temps, et que, en certains autres, il faut placer si bas. Il n'est rien par lui-même, et il n'est quelque chose qu'en se combinant avec d'autres sentiments étroits, personnels, égoïstes, qui s'abritent sous sa fiction, et dont l'amalgame n'enfante que cette espèce d'axiome aragonais, prouvé par 1814 et par 1815 : « Si j'ai ma propriété et ma liberté à défendre, je défendrai ma patrie, *sinon, non !* »

Eh ! que ne puis-je me croire libre sur ce point ! Comme j'en finirais avec cette fiction sentimentale en faisant toucher du doigt les causes pour lesquelles, témoignant de leur indifférence et même de leur dédain pour elle, réalisant au contraire chaque jour ce positivisme de l'*ubi bene* qu'on raille, des millions d'Européens s'en vont par delà les mers chercher d'autres cieux, d'autres terres, pour en faire la patrie de leur adoption ! Heureuse encore la vieille Europe d'avoir cette grande issue de l'émigration, par où peuvent s'échapper tous les blessés de son état social. Sans cela, peut-être, subirait-elle le châtiment qui lui a été infligé déjà, quatorze ou quinze siècles en arrière, alors que les asservis et les prétendus hommes libres du monde romain appelaient les barbares au cœur de l'Empire, ou allaient chez les barbares, « aimant mieux, dit Salvien, le prêtre de Marseille, vivre libres dans une apparente servitude que de vivre captifs dans une liberté apparente. »

Appliquons, pour n'avoir plus à y revenir, appliquons, si tristes qu'elles soient, ces réalités aux illusions de la résurrection des nationalités, qui est au fond l'idée préconçue à laquelle on a cédé en se dressant contre moi.

Voici la Pologne. Et, comme pour les patriotes de la Convention, on a dit : « C'est sans doute aussi par égoïsme que vingt mille Polonais se sont fait massacrer par Souwarow à Praga en 1794; que Varsovie s'est levée contre la Russie en 1830. »

A-t-on cru m'embarrasser? J'ai la réponse, je la fais. Car je peux dire aussi : « Pour moi, je ne cherche point le témoignage des hommes, » c'est-à-dire je m'inquiète peu de ce qu'ils disent ou pensent de moi; il me suffit d'aller avec ma conscience et de marcher dans ma lumière. Je réponds donc :

Entre 1794 et 1830, il y a à faire la distinction que, si nous parlions des guerres de la Vendée, nous aurions à établir entre le temps du Bocage, où les paysans, soulevés par leurs prêtres et par leurs nobles, se battirent comme des saints et des lions, et le temps de la Chouannerie, où il n'y eut plus guère que des compromis et des incorrigibles de

situations perdues. Entre ces diverses époques, en
Pologne comme en Vendée, le paysan a réfléchi
et s'est demandé pour quoi et pour qui il s'ar-
mait, se battait et mourait. La réponse fut qu'après
les grandes guerres du Bocage il n'y eut plus de
Vendée. La réponse est qu'après 1794 et 1830 il
n'y a plus de Pologne. Le paysan vendéen prit sa
part dans les droits et dans les terres, dont les
Bleus avaient proclamé les uns et enlevé les autres
aux seigneurs; depuis 1830, la Russie a commencé
pour le paysan de Pologne l'affranchissement de
l'homme et l'affranchissement de la terre. Elle
fait plus, elle le rend propriétaire des terres de
la seigneurie polonaise comme la Révolution avait
rendu les plébéiens de France propriétaires des terres de la noblesse et du clergé.

Aussi, à cette heure, — ne vient-on pas, il y a
quinze jours à peine, de le lire dans les journaux?
— contre qui les paysans de Pologne se soulèvent-
ils? Est-ce contre les seigneurs polonais ou contre
le gouvernement russe? O libéraux, démocrates
attardés ou mal venus! de qui donc jouez-vous la
carte aujourd'hui en poussant à la résurrection de
la Pologne? Vous jouez, pour le compte des seigneurs polonais contre leurs paysans, satisfaits d'aller à la liberté humaine, à la liberté de la terre et
au droit à la terre, la carte que les Pitt, les Cobourg

et les Brunswick jouaient pour le compte de l'émigration française, contre les paysans propriétaires et libres de la France, où l'étranger trouvait le pays autrement disposé que ne le disaient les émigrés.

Hélas! tous les Coblentz se ressemblent; tous prétendent incarner en eux la nation, la terre, la patrie; tous s'écrient avec une emphase haineuse et vengeresse :

Rome n'est plus dans Rome, elle est toute où je suis.

et tous oui, tous, masquent d'intérêts menteurs leurs appels aux armes de l'étranger.

En vérité, il a fallu être le parti libéral doctrinaire, le vieux parti du mélange adultère d'une liberté bâtarde et d'une autorité bâtarde, qui a voulu enrayer à lui le principe démocratique; il a fallu le parti qui, jaloux des supériorités, oppressif des infériorités, avait parqué la nation dans les classes moyennes, créé la prédominance de la liberté politique sur la liberté humaine, et livré par là celle-ci à l'exploitation de celle-là, pour faire, de la résurrection des nationalités, le principe et le but de cette exploitation, pour appeler contre les paysans de Pologne, à la seconde moitié du dix-neuvième siècle, les Pitt, les Cobourg et les Brunswick, qui, à la fin du dix-huitième,

7

avaient échoué contre les paysans de France.

Mais vous voulez ressusciter? Soit! Où est le corps?

Sans prudence comme sans logique, vous oubliez que vous-même vous avez posé cette question : « Qu'est-ce qu'une nation? » qu'après avoir fouillé dans tous les dictionnaires des langues, vous avez dit : « Les nations n'en savent rien; » et que, pour nous prouver que vous n'en saviez pas davantage, vous avez exigé, pour constituer une nationalité, la réunion de tant d'éléments, qu'il est impossible de ne vous point adresser, avec les variantes de circonstances, la riposte de Figaro au comte Almaviva : « Ah! monseigneur, aux qualités que vous exigez dans une *nationalité*, connaissez-vous beaucoup de *nations* dignes d'être *nationalités?* »

Comme, en réalité, vous n'en pouvez guère citer que deux ou trois, vous êtes, sans le savoir, plus partisan de l'unité dans l'humanité que vous ne le pourriez croire; tout au moins, serez-vous un de ceux qui auront fourni le plus de preuves pour la justification de « *notre marche accélérée vers l'événement immense dans l'ordre divin* » dont parle de Maistre.

Les éléments constitutifs d'une nationalité, qu'on a soi-même infirmés par une multitude infinie de réserves et d'objections, sont : — la race, la langue, les coutumes, le territoire, les lois, la configuration du pays, le gouvernement. Tous ces éléments de nationalité pouvant exister, dit-on, sans qu'il y ait nationalité, je vais droit aux éléments qui, selon les résurrectionnistes, la déterminent, la caractérisent, la signent en quelque sorte et lui donnent son nom.

Ces éléments sont : — une mission spéciale, l'apport d'un élément nouveau dans le fonds commun, une idée acquise, conquise ou développée qui constate l'individualité, la conscience de la nationalité qui rend un peuple capable de se constituer au dedans, de se manifester au dehors, enfin l'unité morale d'une pensée commune, l'idée prédominante qui anime la matière, qui réunit dans un centre commun tous les éléments épars de l'activité, qui forme enfin la personnalité sociale.

Ce n'est pas moi, qu'on veuille bien le remarquer, qui fais de la réunion de tous ces éléments le principe constitutif sans lequel la nationalité est décrétée de non-existence. Je n'ai ni à les contester ni à les affirmer; je les prends pour ce qu'on les a faits; je les applique tels qu'ils sont établis. Je me permets seulement de reprendre, à mon   ge particulier, l'élément territoire, dont, involontairement ou non, il a été fait trop bon marché. Après m'être montré de si facile composition, ce n'est pas à moi qu'il faudra s'en prendre si la logique la plus vulgaire du plus simple bon sens amène de tous petits enfants eux-mêmes à faire à cette demande : — Résurrectionnistes, où est le corps? cette réponse : — Nulle part.

IV

« — Maître, lui dit le pilote, à quels peuples veux-tu porter la guerre ? — A ceux-là,
répond le vieux Candide, contre qui Dieu est
irrité. »

CHATEAUBRIAND, *Études historiques*.

« L'époque où nous entrons est le chaînon
par lequel des générations laborieuses sou-
daneces lient l'ancien monde vers un
monde inconnu... Le vieil ordre européen
expire, nos débats actuels paraîtront des
luttes puériles aux yeux de la postérité. »

CHATEAUBRIAND, *Mém. d'outre-tombe*.

Résurrectionnistes, ai-je dit, où est le corps ? où
la Pologne, où la Hongrie, où l'Italie ?...

Si une mission spéciale, l'apport d'un élément
nouveau, la conscience du moi national, l'unité
morale d'une pensée commune, sont les conditions
indispensables de la nationalité, il n'est pas un
peuple, pas un seul de ceux qui sont passés dans
l'histoire, dont on a pu y suivre l'entrée, mais aussi
la sortie, qui n'ait eu une mission toute spéciale,

qui n'ait apporté son élément nouveau, qui n'ait eu
la conscience de son moi national, qui n'ait marché
dans l'unité d'une pensée commune; soit que ces
peuples aient conquis, dévasté ou colonisé, soit qu'ils
aient régné par les arts, par les lois, par la guerre,
débordant comme un torrent qui noie et passe, ou
coulant comme un fleuve dans un long cours,
fécondant ses rives, et réunissant ses grandes
eaux à ce grand versant des peuples et des idées,
qui s'appelle la civilisation et l'humanité.

Oui, tous! tous ceux que vous nommez dans
l'antiquité, dans les temps intermédiaires, dans les
temps présents; dans les continents anciens ou dans
les continents nouveaux; que vous les preniez au
berceau moïsiaque appendu, après les eaux du
déluge, aux divers étages de la tour de Babel, ou
au berceau un peu mieux démontré qui a surnagé
dans le grand cataclysme du monde romain disparu
sous les flots des Barbares, *de ces conscrits du Dieu
des armées*, comme Chateaubriand les appelle;
tous ont rempli une mission, une mission que vous
avez raison de qualifier de divine.

Seulement, à côté de cette grande loi de l'entrée
providentielle des peuples dans le monde, prouvée
par la conscience de leur moi national, puisqu'il a
été le principe de leur force; prouvée par leur
constitution au dedans, puisque nous avons encore

la plupart de leurs lois sociales, de leurs lois politiques, de leurs lois religieuses ; prouvée par leur
manifestation au dehors, puisqu'ils ont conquis,
colonisé, greffé leurs races sur des races, des provinces sur des provinces, des royaumes sur des
royaumes, il y a la loi non moins providentielle de
leur sortie. Et cette loi est inévitable comme celle
de la mort, de la corruption, de la dissolution, du
pulvis es et in pulverem reverteris prononcé sur tout
ce qui est matière.

Chez les peuples, cette loi accomplit son œuvre,
comme partout, le jour où, frappé à la longue d'é-
puisement, d'improduction, comme tout ce qui a
reçu la vie, chaque peuple cesse, à son tour, de
pouvoir remplir sa mission, d'apporter au fonds
commun un élément nouveau, d'avoir la conscience
de son moi national, de même que l'homme lui-
même cesse d'avoir la conscience de son moi
humain, et qu'enfin à l'unité morale d'une pensée
commune a succédé, par la division d'intérêts, une
pensée pleine de discordes et d'hostilités.

Mais pas plus que l'homme, les peuples ne meurent tout entiers. Ils se survivent dans leur essence
immatérielle, dans l'idée par laquelle ils ont tenu
leur place dans le monde, et qui va se réunir à la
grande âme de la civilisation ; de même qu'après la
mort de l'homme, la substance spirituelle de son

être va se perdre dans la grande âme du monde, qui est Dieu. Ainsi Rome païenne s'est survécu par ses lois.

C'est ainsi que la nationalité polonaise s'en est allée, et aussi la nationalité hongroise, et aussi l'indépendance italique. Là, dans cette fin naturelle de leur raison d'être, a été le principe de leur disparition.

Pour elles, comme la Turquie pour la nombreuse variété de peuples qu'elle a absorbés, la Russie, l'Autriche, la Prusse, n'ont été que les exécuteurs de leur condamnation. Elles ont ramassé à terre, matériellement, ce qui moralement était déjà tombé, comme la France et l'Angleterre l'auraient fait elles-mêmes, si elles eussent été leurs limitrophes ; comme, au seizième siècle et depuis, la France l'a entrepris en Italie et ailleurs ; comme l'Angleterre l'a accompli aux quatre coins du monde et dans l'intérieur de l'Europe, partout où elle l'a pu ; comme elle l'avait entrepris et mis en bon point contre la France, quand la France s'en allait dans cette dissolution féodale où, sans une pauvre et simple fille du peuple, elle serait devenue une province d'Angleterre ; de même que l'Italie et la Hongrie sont des provinces d'Autriche, et la Pologne, des provinces d'Autriche, de Prusse et de Russie. Heureusement qu'alors, comme en 1795,

comme en 1815, la mission divine de la France
n'avait pas fait son temps.

Elle avait la conscience de son moi national, dont
elle fit preuve plus tard dans les splendeurs du
règne de Louis XIV, et plus tard encore aux frontières, avec ses armées de volontaires, et dans les
plaines de Montmirail, sous les murs de Paris, sur
les bords de la Loire, avec son armée de soldats.
Elle avait encore à se constituer au dedans, comme
elle l'a prouvé bien des fois; et parce qu'en tournant autour du soleil, l'orbite de la terre a, de
temps à autre, des alternatives de lumière et d'obs-
curité, cela ne prouve pas que le soleil ait disparu.
Elle avait à se manifester encore au dehors, comme
elle l'a prouvé par ses trois révolutions de 1789,
de 1830 et de 1848, qui, malgré leurs déviations,
ont porté à tous les points du ciel, ainsi que font
tous les orages, cette poussière, ces pollens, ces
semences invisibles qui s'en vont au loin périr ou
germer, selon les desseins de Dieu.

Mais la Pologne, mais la Hongrie, mais l'Italie !
Comment, courtisans funestes de déchéances et de
décrépitudes, osez-vous pousser vos besoins d'expédients jusqu'à mettre sur le même rang la nationalité française et la nationalité polonaise, hongroise,
italique? Pourquoi attacher ainsi ce qui est vie avec
ce qui est cadavre, ce qui est unité avec ce qui est

éparpillement, ce qui est intègre avec ce qui est
haché menu?

Je ne dis pas qu'avec de pareilles assimilations,
avec de pareilles velléités, de pareilles cartes jouées,
et à courir de telles aventures de résurrectionnisme,
avec *trésors épuisés et sang versé* pour le service de
vieux peuples morts, l'heure de la sortie ne pût
sonner aussi un jour pour elle; mais, jusque-là,
abstenez-vous. Ne vous faites point prophètes de
malheur en mettant sur la même ligne aujourd'hui
le corps vivant et les corps disséqués.

La Pologne a eu sa raison d'être dans sa mission
sous Sobieski; elle a chassé du Nord la barbarie de
l'islamisme. Cette mission accomplie, sa raison
d'être a disparu; et, comme il ne s'en est point
présenté une autre, la Pologne de 1772 n'a plus
été, pour une cause ou pour une autre, la Pologne
de Sobieski. Alors elle a pu être partagée par les
puissances européennes, après n'avoir pu être en-
tamée par les armées de l'Orient. Or, si en ce
temps-là elle n'a pu, par sa constitution, empêcher
ce partage, et être contre le Nord ce boulevard de
l'Occident que vous avez en tête aujourd'hui,
comment lui rendrez-vous, en 1855, la force de
boulevard qu'elle avait déjà perdue en 1772? Vous
imaginez-vous que les peuples-boulevards renversés se relèvent et se recrépissent à neuf comme

des murailles-boulevards tombées? Et cependant il est des boulevards de pierre qui, une fois démantelés, ne se relèvent plus. Jugez donc des peuples!

Quant au regret que Napoléon, dans l'exil, aurait, dites-vous, exprimé d'avoir laissé à terre, quand il était sur le trône, ce peuple-boulevard, je ne me crois que la liberté de vous répondre, avec Chateaubriand : « *Bonaparte lui-même ne l'a pu.* » Et s'il ne l'a pu, c'est qu'il ne l'a voulu, et s'il ne l'a voulu, c'est que lui, qui a écrit : « Je me suis toujours laissé gouverner par les circonstances, » aura trouvé que les circonstances ne le lui permettaient pas, et, enfin, parce que la reconstitution d'un royaume de Pologne ne semblait peut-être parer à aucune éventualité d'avenir aux yeux de celui qui disait à Sainte-Hélène : « L'Europe ne formera bientôt plus que deux partis ennemis. On ne s'y divisera plus par peuples et par territoires, mais par couleurs et par opinions. Et qui peut dire les crises, la durée, les détails de tant d'orages, car l'issue n'en saurait être douteuse : les lumières et les siècles ne reculeront pas? »

Qui sait si, entre liberté et despotisme, entre *république* et *cosaque*, dont son génie voyait, au bout de cinquante ans, surgir les deux termes, Napoléon pouvait se dire avec certitude à quelle couleur, à quelle opinion, se rangerait cette noblesse qui, selon le temps et son intérêt, a partout crié : *Vive le roi!* ou *Vive la ligue!* Or, Bonaparte vivant eût été à la république et non aux cosaques. Qui vous dit dès lors qu'il n'a pas voulu s'exposer à donner un jour au Nord des alliés contre l'Occident?

Comme ce n'est point par cet élément qu'une nationalité peut légitimer son apport dans le fonds commun de la civilisation, où d'ailleurs cet élément n'est pas nouveau, même, sous ce rapport, la Pologne a perdu encore sa raison d'être.

Que dire de l'élément appelé la conscience de la nationalité? En qui et où le chercher? Dans ceux qui habitent le sol ou dans ceux qui courent le monde?

Évidemment dans ceux qui habitent le sol. Par besoin de cause et nécessité d'expédient, on n'ira pas, j'imagine, jusqu'à soutenir qu'une nationalité peut être en dehors de son territoire, et qu'aux temps démocratiques il peut y avoir des peuples sans terre, comme il existait des Jean-sans-Terre aux temps féodaux.

Parmi ceux qui habitent le sol, domiciliés par naissance et par résidence, quels sont ceux qui forment la nation? A moins encore que vous n'en soyez à dire avec l'ancien régime : « La nation, c'est la noblesse et le clergé; » ou bien avec le régime libéral doctrinaire : « La nation, ce sont les classes moyennes, » il faut bien compter la paysannerie pour quelque chose, si même, comme dans tous les anciens pays à servage et à esclavage, ce n'est pas l'immense majorité. — Eh bien ? — Eh bien, ce que j'ai dit du seul besoin satisfait dans la paysannerie polonaise du droit à la liberté humaine, du droit à la terre, et de la possession de la terre, doit vous apprendre que, ces droits étant reconnus et exercés sous le gouvernement russe, la conscience de la nationalité polonaise n'existe plus en Pologne.

Ainsi se réalise cette prévision de l'avenir européen, émise par Émile de Girardin : « Qu'importerait à la Pologne, par exemple, de revivre ou de ne pas revivre sous son nom, si tous ceux qui naîtront sur son territoire y naissaient avec les mêmes droits, les mêmes avantages, les mêmes libertés que s'ils étaient nés sur la partie de l'ancien continent appelée Angleterre ou France; s'il n'y avait plus sous ce rapport de différence et d'inégalité entre le Polonais et le Russe, l'Italien et l'Autrichien, l'Anglais et le Français; s'il n'y avait plus partout que des hommes libres et affranchis par la paix ? »

Or, le paysan polonais a été affranchi par la paix, et élevé par la Russie à la liberté humaine et à la propriété de la terre. Il doit cela à la lumière qui s'est faite en lui après 1850, et à la paix qu'il s'est promis sans doute de ne plus troubler pour le compte de la seigneurie ou de la bourgeoisie polonaises, lesquelles, en 1850, n'avaient pas songé encore à lui rendre la liberté humaine, à lui reconnaître et à lui faciliter le droit à la terre. Dans ce sentiment égoïste, aveugle (qualifiez-le comme vous voudrez), dans ce sentiment du moi humain s'est abîmé le sentiment du moi national, du moi polonais. Mais à qui la faute, sinon à son aristocratie?

C'est vous qui l'avez écrit, ô résurrectionnistes : Où ce sentiment est mort, la nationalité est morte.

La nationalité polonaise n'existerait donc plus que là où précisément le corps aurait cessé d'être. Et où est-il? Un peu partout; ici et là et ailleurs : à Londres, à Paris, à Constantinople, en Afrique, en Asie, en Amérique, disloqué, dispersé.

Avec cette dernière démonstration disparaît une autre preuve des nationalités, c'est-à-dire un peuple capable de se constituer au dedans.

L'ancienne constitution du peuple polonais, celle qu'il s'était faite, et dont le fonds était le servage plébéien, s'est anéantie, non faute de serfs et de seigneurs, mais, comme la constitution féodale de la vieille France, parce qu'elle ne pouvait plus aller. Seulement, moins avancée que la France, la Pologne a reçu de l'étranger une constitution nouvelle, que ses seigneurs avaient été impuissants ou inintelligents à lui donner, et sa nationalité a disparu dans la transformation sociale. C'est dans les transformations sociales qu'ont disparu aussi les traces nationales des peuples qui se sont greffés sur tous les peuples dénationalisés du monde romain.

Avec cette démonstration disparait aussi l'élément de la manifestation au dehors. Une manifestation au dehors, qui ne se produit que par la dispersion et l'exil, ne saurait prouver la conscience d'une nationalité quelconque ni de l'individualité, comme on l'a dit.

Sans cela, comment aurait-on pu raisonnablement refuser aux Irlandais, aux Israélites surtout, ayant leur histoire, leur langue, leurs mœurs, leurs coutumes, leur religion, et par-dessus tout le sentiment impérissable de leur moi national, le caractère d'une nationalité qu'on persiste à reconnaître dans les Polonais, manifestés comme eux au dehors par l'exil? En vérité, ô résurrectionnistes! la nationalité israélite a le droit de réclamer; et je vous tiens pour très-heureux qu'elle ait le bon esprit de ne vous point sommer d'une croisade pour lui rendre Jérusalem!

Ce que j'ai dit de la Pologne s'applique en partie à la Hongrie, qui, à un moment donné, a eu sa mission à remplir, qui l'a glorieusement remplie, et

qui, n'ayant pas d'autre raison d'être, a fatalement
disparu avec elle.

Quant à l'indépendance italique... Mais les résurrectionnistes m'ont dispensé d'insister sur ce
point.

Lorsqu'à grand renfort de dictionnaire de date
et de cahiers élémentaires d'histoire, on a la bon-
homie de prouver que depuis Odoacre (on aurait pu
remonter plus haut), c'est-à-dire depuis environ
quinze siècles, l'Italie a été presque toujours en
contact avec l'Allemagne, et qu'elle a été envahie
cent fois, je déclare que je ne crois pas à l'empirisme politique de *l'immense majorité du parti libéral*, le pouvoir de trouver un moyen d'empêcher
que, rendue à l'indépendance demain, l'Italie fût
conquise après-demain une cent et unième fois par
l'Allemagne.

Quand, pendant quinze siècles (augmentés des
siècles antérieurs historiquement connus, ainsi que
le prouvent, entre autres, les invasions de la Gaule
et les conquêtes de Rome), je vois se produire, dans
un même pays, un fait toujours le même, par centaines de fois, j'avoue avoir la faiblesse de croire
que, par fatalité géographique, il y a là pour ce
pays posé au pied des grands versants des Apennins et des Alpes, des peuples du Nord et des peuples de l'Occident, un de ces nombreux accomplis-

sements des lois constitutives de la nature et de la
pente forcée des choses, contre lesquelles la sagesse,
les calculs, les précautions, les forces de quelques
hommes ne peuvent rien. Il y faut plus qu'un système de nationalités et d'équilibre, il y faut l'accord
de tous les peuples, la fédération de l'Europe, l'humanité !

Le monde moral n'a pas d'autres lois d'attraction
et de pesanteur que le monde physique : on ne doit
donc point s'imaginer qu'on peut toujours recommencer contre elles les mêmes expériences, sans
rencontrer toujours aussi les mêmes échecs. Ache-
vons de prouver aux résurrectionnistes qu'ils veulent se vouer au rôle éternel de Sisyphe, sur qui un
éternel rocher retombe éternellement.

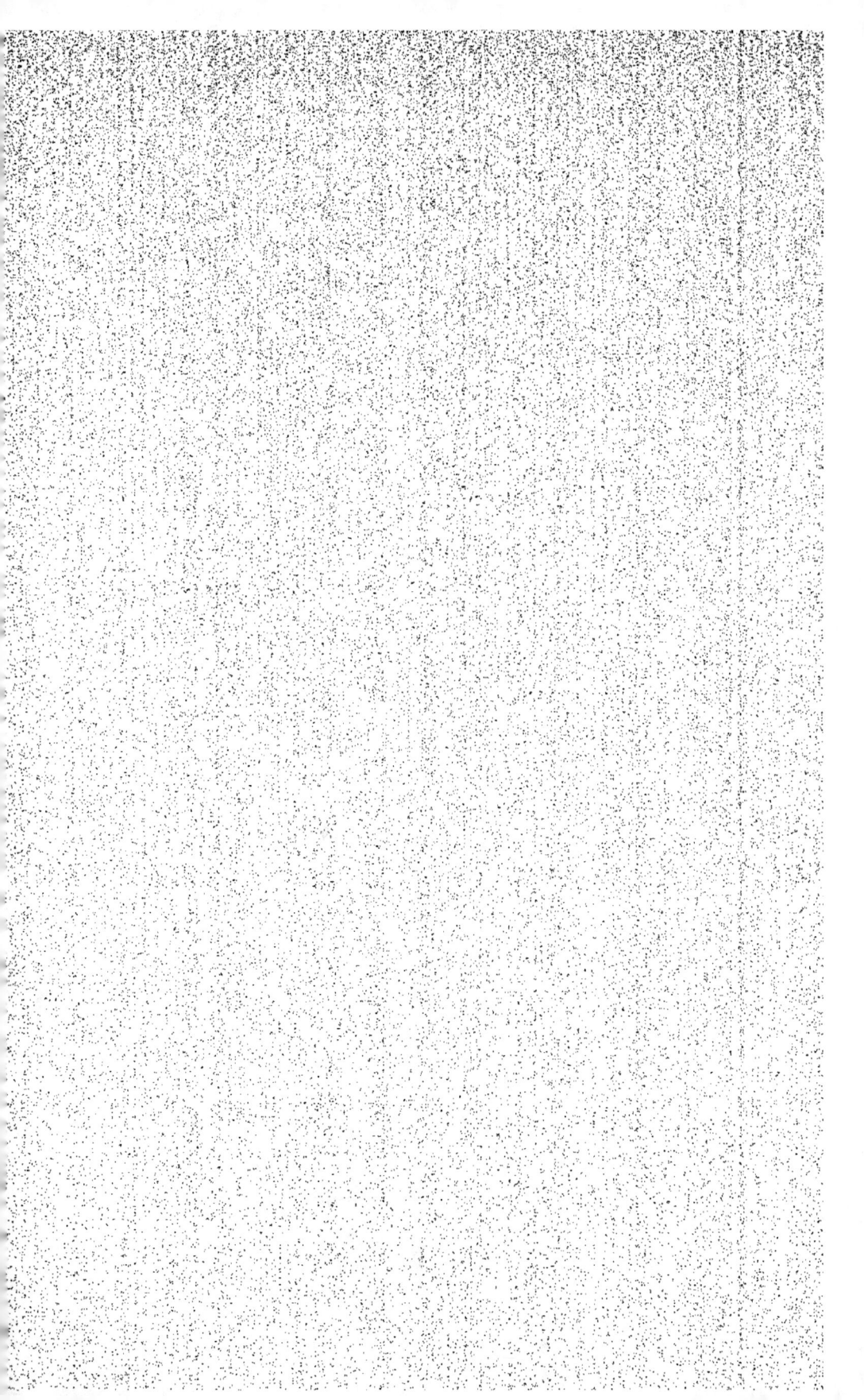

V

« L'Europe attend, sollicite la fondation
d'une nouvelle société.

• Je ne connais que deux peuples : les Orien-
taux et les Occidentaux...

« Tant qu'on se battra en Europe, cela
sera une guerre civile. »

NAPOLÉON à Sainte-Hélène

« La presse, machine qu'on ne peut plus
briser, continuera à détruire l'ancien monde,
jusqu'à ce qu'elle en ait formé un nouveau.
C'est une voie calculée pour le forum général
des peuples. »

CHATEAUBRIAND, Mémoires d'outre-tombe.

« Les chemins de fer sont appelés à rap-
procher entre eux tous les peuples du continent, à n'en faire qu'une seule grande famille, ayant les mêmes intérêts, le même
avenir, la même politique. »

ÉMILE DE GIRARDIN, Les 52.

« La nationalité est le principe de la civilisation. »
Ce n'est pas moi qui dis cela ; ce sont les résurrectionnistes, pour donner à croire que le jour où
il n'y aurait plus de nationalités, la civilisation pé-
rirait et nous serions à la fin du monde.

Moi, je dis au contraire : La civilisation étant l'unité, il n'y aura de civilisation complète, par tous et étendue à tous, que le jour où il n'y aura qu'une seule nation, c'est-à-dire l'humanité. Car, dit Fichte, « le genre humain doit se réunir en un vaste corps organisé ayant connaissance de lui-même. »

Or, jamais le genre humain n'aura connaissance de lui-même, tant que la civilisation aura pour principe les nationalités, qui se connaissent si peu elles-mêmes, qu'elles ne se peuvent définir. Aussi la nationalité est-elle le principe de la civilisation, au même titre que la négation est le principe de l'affirmation, la réaction le principe de l'action, la résistance le principe du mouvement, la guerre le principe de la paix, l'égoïsme le principe du dévouement, le navire remorqué le principe de traction du navire remorqueur, et enfin au même titre que des milliers de locomotives, tirant en tous sens un convoi, seraient le principe de l'unité et de la vitesse de sa marche vers le but où il tend.

On n'a donc jamais cherché la raison d'être de l'impuissance des dictionnaires à donner une définition exacte du mot nation? On ne s'est donc jamais dit qu'un principe est absolu, et que si l'absolu n'existe pas dans le terme qui exprime, c'est que l'absolu, c'est-à-dire le principe, n'existe pas dans

la chose exprimée? La loi naturelle des choses veut,
en effet, qu'il y ait identité complète entre l'objet
qui est le type et le mot qui est l'image; et que là
où cette identité est impossible, il n'y ait plus
qu'une convention, une fiction, un nuage qui se
déplace, se transforme et disparaît, comme tout ce
qui n'est pas absolu, c'est-à-dire éternel. Et voilà
justement pourquoi les nations disparaissent.

Au contraire de la civilisation, parce qu'elle a
pour principe, non les nationalités, mais l'humanité, qui n'éprouve aucune solution de continuité,
qui « est son œuvre à elle-même, » comme dit Vico.
Aussi, résurrectionnistes, qui vous croyez fins rail-
leurs en nous donnant comme sobriquet le titre
même qui fait notre force et notre honneur, voyez
comme les humanitaires sont moins embarrassés
pour définir l'humanité, que vous ne l'êtes pour
définir la nationalité? et comme ils sont plus
logiques, et plus fondés sur la loi des choses,
en faisant de l'humanité le principe de la civilisation.

Ils définissent l'humanité : l'ensemble de la race
humaine, sans acception d'origine, de religion, de
pays, de couleur, d'intérêts, de besoins; et la civilisation : la résultante du libre développement des
forces physiques et morales, naturelles et acquises,
poussées en commun vers un même but par ce

corps unique, par cette grande famille une et in-
visible qui a nom : l'humanité.

Aussi, à quoi en a-t-on été réduit ? A déclarer que
la nationalité, dont on faisait un principe, sans lequel la civilisation ne serait pas, et sur lequel on
assied la société, « n'avait eu encore ni sa formule
philosophique, ni sa consécration politique, et
qu'elle était restée à l'état de problème. » Ainsi,
voilà le monde qui, depuis le commencement,
marche à l'état de problème, et qu'on veut faire
marcher à l'état de problème jusqu'à la fin. O
résurrectionnistes! ce sont donc des problèmes que
vous voulez ajouter à des problèmes en reconsti-
tuant les nationalités éteintes !

Pour faire passer enfin les nationalités à l'état
de principe réel et pratique, on a été poussé à dire
« qu'avec ce principe la loi suprème du droit des
gens repose sur un fait cause et limite de tous les
autres; qu'avec ce droit chaque nationalité a sa limite naturelle et sa garantie dans le respect et l'indépendance des autres. »

Le suprème droit des gens, qu'est-ce donc, sinon
une nécessité même engendrée par l'existence des
nations? Donc, si la fiction nationalité n'existait pas,
la fiction droit des gens n'existerait pas; il y aurait
le droit humain au-dessus du droit des gens, comme
il y aurait l'humanité au-dessus des nations, et il

serait aussi facile de s'entendre sur ce mot droit humain qu'il l'a été de s'entendre sur le mot humanité, tandis qu'il est aussi impossible de s'entendre sur le mot droit des gens que sur le mot nation.

Ce sont encore les résurrectionnistes qui sont forcés d'enregistrer cet aveu emprunté à M. Rossi : « La science du droit des gens en est encore aux misères de l'empirisme, et si, dans quelques ouvrages, elle prend des formes scientifiques, ce n'est là qu'une apparence trompeuse; à son avis, cette science manque de principes qui puissent supporter toutes leurs conséquences, de déductions qui satisfassent l'intelligence et qui commandent la conviction, de règles qui ne soient étouffées par de nombreuses exceptions, de doctrines qui ne transigent souvent et à de dures conditions avec des doctrines contraires. »

Voilà, il en faut convenir, un beau principe engendré du principe des nationalités pour lui servir d'appui! C'est un peu trop l'école du *similia similibus curantur* appliqué à la société. Les nationalités, pour ne se point jeter dans toutes sortes d'iniquités nées de leur égoïsme, mettent au monde, comme juge de paix, le droit des gens; et voilà le droit des gens, qui, en véritable prévaricateur, de la peau duquel Cambyse eût fait une housse pour son fauteuil, et, de l'aveu même de ses admirateurs, n'est qu'un méchant Fontanaroso de bas étage. Il n'a qu'une « science sans principes, que des principes sans conséquences; il n'a rien de ce qui satisfait l'intelligence, de ce qui commande la conviction; » il possède largement, au contraire, des moyens de transiger très-coûteux, très-honteux, suivant son intérêt, ou plutôt l'intérêt du plus fort qui en fait son instrument.

En sorte que, aux haines, à l'égoïsme, aux iniquités, aux guerres dont les causes sont innées chez les nationalités, il faut ajouter encore les causes des révolutions, des querelles, des guerres, qui sont, au fond de tout arbitrage, incapables de satisfaire l'intelligence et de commander la conviction, c'est-à-dire l'obéissance volontaire, la seule juste, la seule efficace. N'importe! Pour ne pas se brouiller avec les résurrectionnistes, il faut leur laisser dire que les nationalités et le droit des gens sont des principes de civilisation.

Mais les disciples de l'école libérale ne se laissent point démonter pour si peu, et ils vous répondent magnifiquement : « La grande erreur des publicistes du dix-septième et même du dix-huitième siècle, c'est d'avoir confondu l'État avec la nationalité, en sorte que le droit des gens est devenu la loi, non des peuples, mais des gouvernements. »

Est-on bien sûr que, très-avant dans les époques les plus reculées, il n'en a pas toujours été
ainsi dans les pays, c'est-à-dire dans l'univers, où
les peuples ont toujours été absorbés dans un ou
plusieurs, qui disaient : « Le peuple, c'est l'État,
et l'État, c'est nous? » Est-ce que, dans les petites
républiques même de la Grèce?... Mais, mon Dieu!
suis-je donc bon d'apprendre aux gens ce qu'ils
savent aussi bien que moi, mais que moi je n'ai
aucun intérêt à cacher! Une seule réplique sérieuse
à cette distinction de peuple et d'État, qui ne l'est
pas.

Est-ce que c'est l'État qui a inoculé aux nations
l'égoïsme, la haine et la bonne envie de faire à leurs
voisins le plus de mal possible? Est-ce l'État ou les
nations qui, pour déguiser l'odieux de ces sentiments sous la pompe menteuse des mots, ont in
venté le patriotisme? Parce que vous faites du patriotisme une vertu, vous ne prétendez pas, je
pense, le constituer en un privilége pour les petites nations, qui iraient mordre les grandes, sans
que, par patriotisme aussi, les grandes ne se pus-
sent mettre à faire une bouchée des petites.

Donc, si le patriotisme, comme cela est de l'aveu
de tout le monde, consiste à faire le plus de mal
possible à tout ce qui n'est point compatriote, —
car sans cela le patriotisme n'aurait ni sens ni

raison d'être, il s'appellerait humanité, — comment trouvez-vous mauvais, immoral, injuste, que, lorsqu'ils y ont intérêt, les grands patriotismes s'immortalisent en absorbant en eux les petits et en faisant pour cela un droit des gens à la mesure de leur voracité? D'où je conclus que, sous peine de n'avoir pas de patriotisme, les peuples agiraient comme leurs gouvernements.

En veut-on une preuve, la preuve la plus éclatante, prise chez le peuple où le patriotisme passe pour être poussé à sa plus haute puissance? Cette preuve m'est fournie par les résurrectionnistes eux-mêmes, qui, oubliant le lendemain ce qu'ils avaient cherché à démontrer la veille, se sont mis à écrire contre lord Palmerston avec la même plume qui avait écrit et allait écrire encore contre moi.

On s'est rué sur le lord premier ministre de la Grande-Bretagne pour lui reprocher toutes ses félonies, toutes ses défections, tous ses faux poids et mesures, toutes ses sophistications à l'endroit des libertés absorbées, des nationalités trahies, des insurrections abandonnées, en Europe, aux exils, aux confiscations et aux tueries de rois, d'empereurs et d'autocrates. Certes, je m'élève là contre quiconque. Mais si j'en recherche la cause, je m'élève non plus seulement contre l'homme d'État, mais contre le principe des nationalités, condamné par ceux-là mêmes qui le veulent perpétuer, par ceux-là qui, en désespoir de cause, se sont échappés par la tangente de la distinction entre les peuples et les gouvernements.

N'ont-ils pas écrit, en effet, que, malgré toutes ces félonies, toutes ces défections, tous ces abandonnements aux proscriptions par l'or et le sang, « lord Palmerston a été jusqu'en ces derniers temps un ministre très-populaire, le plus populaire peut-être qu'il y ait jamais eu en Angleterre? — Nous en sommes tous fiers, aurait dit un jour sir Robert Peel, le tory, à la Chambre des communes. — Oui, aurait ajouté le radical lord John Russell, oui, nous en sommes tous fiers, parce qu'il n'est pas le ministre de la Russie, de l'Autriche, de la Prusse, de la France, mais le ministre de l'Angleterre. »

Ainsi, lord Palmerston trahit la liberté en Italie, en Pologne, en Hongrie, partout où elle se montre, et il n'en reste pas moins le ministre très-populaire d'un peuple libre! Et il est très-populaire, parce qu'il est le ministre, non de la liberté, qui est un des intérêts généraux de l'humanité, un des plus grands buts que la civilisation se propose d'atteindre, mais parce qu'il est le ministre de la nationalité anglaise, de l'intérêt national anglais, auquel, par son ministre, sont subordonnés tous les autres intérêts du monde et de l'humanité!

Si le principe de la nationalité a de tels résultats
comme principe de civilisation, au sein d'une nation qu'on proclame avec raison grande et civilisée
entre toutes, jugez de ce qu'il en doit être chez
les nationalités placées aux degrés intimes de
l'échelle!

N'est-ce donc pas vous-mêmes, ô résurrectionnistes! qui, après l'avoir raillé, sanctionnez tout ce
qu'il y a de trop profondément vrai dans ce vers de
Lamartine :

> L'égoïsme et la haine ont seuls une patrie!

C'est donc un fait incontestable : par *amour de
la nationalité*, on tue et on asservit, ou on laissé
tuer et asservir. Voudrait-on bien me dire en quel
lieu et en quel temps on a tué et asservi, on laisse
tuer et asservir par *amour de l'humanité?* Entre la
nationalité et l'humanité, où se trouve donc le vrai
principe de la civilisation, si toutefois civilisation
n'est point meurtre et servitude?

Qu'ai-je besoin de continuer à suivre les résurrectionnistes dans leurs contradictions accumulées
et se pressant les unes les autres, comme des vagues, dans leurs *cinq articles?* Et sera-t-on plus édi-
fié quand, après avoir enregistré à leur compte,
dans leur partie géographique, cet aveu : « Sauf en
Espagne, en Italie et dans les îles, il est difficile de

trouver les *limites naturelles* des nationalités, » il nous faudra citer à leur partie diplomatique ces paroles de Napoléon : « L'Europe ne sera tranquille que lorsque chaque nation aura ses *limites naturelles.* »

Voilà donc l'Europe condamnée à être dans l'agitation jusqu'à ce qu'elle ait trouvé et des *limites naturelles* qui n'existent pas, et un *équilibre* déclaré introuvable, et un *droit des gens* fatalement impuissant, comme toutes les fictions de limites, d'équilibre, dont il n'est qu'une fiction lui-même.

En vérité, quand on a été acculé soi-même à de telles conséquences, n'est-ce point se moquer de soi et des autres que d'écrire : « M. Mancini a raison, ce principe de nationalité est d'une simplicité admirable. » Oui, vraiment! admirable comme le principe de la pesanteur ; toute pierre lancée en l'air retombe à terre; et comme la civilisation repose sur des fictions en l'air, elle est un volant dont les nations sont les raquettes. Lorsque celles-ci se fatiguent ou meurent, elles la laissent retomber à terre, où elle reste souvent des milliers d'années, perdue dans toutes sortes de décombres.

N'est-ce point aussi par trop compter sur les préoccupations présentes que d'écrire : « Supposons la Pologne rétablie, l'Italie indépendante, quelle différence! » Quelle différence? Il n'y en aurait pas d'autre que celle-ci : Au lieu d'avoir été portée en Orient, la guerre l'eût été ou en Italie par l'Autriche, ou en Pologne par la Russie, par l'Autriche et par la Prusse.

— La France aurait fait obstacle, l'Angleterre aussi. — Qu'en savez-vous? Cet obstacle n'a pas été opposé autrefois, et la France le pouvait; l'Angleterre a pu ne pas laisser prendre l'Italie par l'Autriche, et par les traités de 1815 elle la lui a livrée. Ne confondez donc pas les époques et leurs causes déterminantes de guerre ou d'alliance. Et qui vous dit que, si la Russie n'avait point « fermé la route de l'Orient et menacé les possessions dans l'Inde, » l'Angleterre serait plus notre alliée aujourd'hui qu'elle ne l'a été avant les siècles qui ont précédé l'année 1854?

Ne bâtissez donc pas des hypothèses sur la résurrection de causes perdues, et avec ce qui a cessé d'être, ne rêvez point la reconstitution de ce qui a eu sa raison de mort, alors que cette raison est augmentée des années durant lesquelles ce qui restait même de la mort a disparu, et où la mort s'appelle ce quelque chose « qui n'a plus de nom dans aucune langue. »

S'il y avait lieu à un sentiment autre que celui de la commisération en un sujet si triste, il y aurait de quoi sourire à cette magnifique apostrophe

des résurrectionnistes : « Nous le demandons maintenant aux cosmopolites, à côté de ces avantages
réels et démontrés (toujours à l'état d'hypothèses
et de futurs contingents de résurrection) que sont
ces perspectives plus ou moins chimériques de
l'unité des peuples? »

Ce qu'elles sont? Ici, à cette même place, j'es-
père qu'il me sera permis de le dire avant peu, et
à l'occasion du livre même de la *Politique universelle*, auquel, je ne sais trop pourquoi, on s'est ac-
croché en finissant. Serait-ce pour montrer qu'on
en parlait sans le comprendre?

Aujourd'hui, à cette question : « Où sont les éléments de l'unité des peuples? » je réponds seulement :

Ils sont, en notre temps, où ils étaient au temps
que Rome alla les y chercher et les y prendre pour
les réunir sous ses faisceaux, sous ses aigles, sous
ses lois, sous ses dieux;

Ils sont où, si on avait compris l'œuvre de l'idée
chrétienne, ayant pour assiette l'unité du monde
romain, on aurait vu que le christianisme les avait
trouvés;

Ils sont où Charlemagne les chercha et les trouva
à son tour pour la reconstitution d'un empire d'Occident;

Ils sont où Henri IV lui-même les avait entrevus;

Ils sont où ils ont été en France avant 89 ; car la commune patrie européenne peut être faite pour toutes les nations de l'Europe de la même façon que la commune patrie française l'a été pour toutes les provinces de France ;

Ils sont où, plus tard, le génie de Napoléon les voyait, les sentait vivre, et déjà les étreignait de ses bras puissants, le jour où, dans ce congrès de rois qu'il présidait, il offrit à l'empereur Alexandre la moitié du globe qu'il tenait dans la main ;

Ils sont, encore à cette heure, où ne les voient ni les entendent ceux qui ont des yeux pour ne point voir et des oreilles pour ne point entendre.

Regardez et écoutez au Nord et à l'Occident. Les éléments de l'unité sont où Chateaubriand et Émile de Girardin les ont mis. Je vois et j'entends les moissonneurs qui viennent mettre en gerbes les nations, et les mains qui, déjà, tordent les javelles.

L'aigle du Nord rassemble ses aiglons, l'aigle de l'Occident rassemble les siens. Avant trois mois, rien de ce qui est entre le Rhin et le Danube et jusqu'aux frontières de la Chine, ou entre le Danube, le Rhin, les Apennins, les Alpes, les Pyrénées et l'Océan, ne pourra rester neutre. Des besoins de l'attaque et de la nécessité de la défense doivent fatalement sortir l'unité fédérative de l'Occident et l'unité fédérative du Nord. Le Nord commencera-t-il au

Rhin civilisé ou du Danube barbare, à la terre et à l'homme libres ou à l'homme et à la terre asservis? Voilà toute la question.

Mais, dans l'un ou l'autre cas, nationalités et royaumes vont, sous la loi même des affinités, se joindre par annexion dans l'une ou l'autre de ces confédérations immenses. Et, quand ces deux unités seront face à face, l'heure de la grande unité européenne aura sonné. Le Nord et l'Occident se disputeront ou se partageront l'Europe. Puissent alors les peuples ne pas *être broyés pour être mêlés*, comme a dit de Maistre.

Secrets de l'avenir, vous nous êtes fermés. Mais ce que nous savons des secrets dont le passé a déchiré les voiles nous dit pourquoi l'idée chrétienne n'a point abouti, pourquoi le monde romain, Charlemagne et Napoléon ont échoué.

L'idée chrétienne n'a point fait son œuvre, parce que, de morale, on l'a faite dogme; de raison, foi; de vérité, mystères; de charité, intolérance; de liberté, domination; d'Évangile, Église.

Le monde romain a échoué, et aussi Charlemagne, et aussi Napoléon, parce que, subissant la loi de leur entrée et de leur date dans le monde, ils ont forcément marché au rebours de l'essence des choses, et voulu qu'un mauvais arbre portât un bon fruit.

9

Dieu, qui est un, Dieu, qui a fait l'homme libre, a voulu que la civilisation fût l'unité, et que l'unité ne fût que la liberté, afin que la société fût faite à l'image de l'homme, de même que l'homme a été fait à l'image de Dieu. Or, jusqu'ici, on n'a pu faire l'unité que par la guerre; et la guerre, c'est la barbarie et le despotisme.

L'œuvre est donc à reprendre, et l'heure est proche peut-être où elle pourra être reprise par la paix et par la liberté, c'est-à-dire par toutes les annexions volontaires dont la fédération toujours croissante des États-Unis d'Amérique élabore, pour l'enseignement de l'Europe, les formules et les réalisations.

« Faites attention, dit l'auteur de la *Science sociale*, qu'il ne s'agit point d'anéantir les nationalités au profit ni même en l'honneur de l'une d'elles; il s'agit de les unir toutes dans le sein de l'humanité, d'où *elles sont sorties*, et de les unir sous le règne de la raison, hors duquel il n'y a qu'esclavage, sous le règne des passions, source de patries différentes. La patrie de l'esclave est circonscrite par le fouet du maître; la patrie de l'homme libre, c'est le globe. »

Ce jour-là s'accompliront, avec ces paroles : « Il n'y aura qu'un troupeau et qu'un pasteur, » les temps entrevus et annoncés par les Socrate, les Platarque, les Fénelon, les Pascal, les Voltaire, les Mirabeau, les Bonald, les Lamennais, les Victor Cousin, les Edgar Quinet, les Émile de Girardin, les Colins, les Lamartine, les Chateaubriand, les Napoléon, et tous les grands penseurs qui m'avaient fourni mon théorème de : *La Guerre et les Nationalités.*

« Tout annonce, » dirai-je en terminant par les lignes que la mort vint interrompre sous la main du comte de Maistre, « *tout annonce je ne sais quelle grande unité vers laquelle nous marchons à grands pas; vous ne pouvez donc... condamner ceux qui la saluent de loin....,* et qui essayent, suivant leurs forces, de pénétrer des mystères si redoutables sans doute, mais tout à la fois si consolants pour vous. »

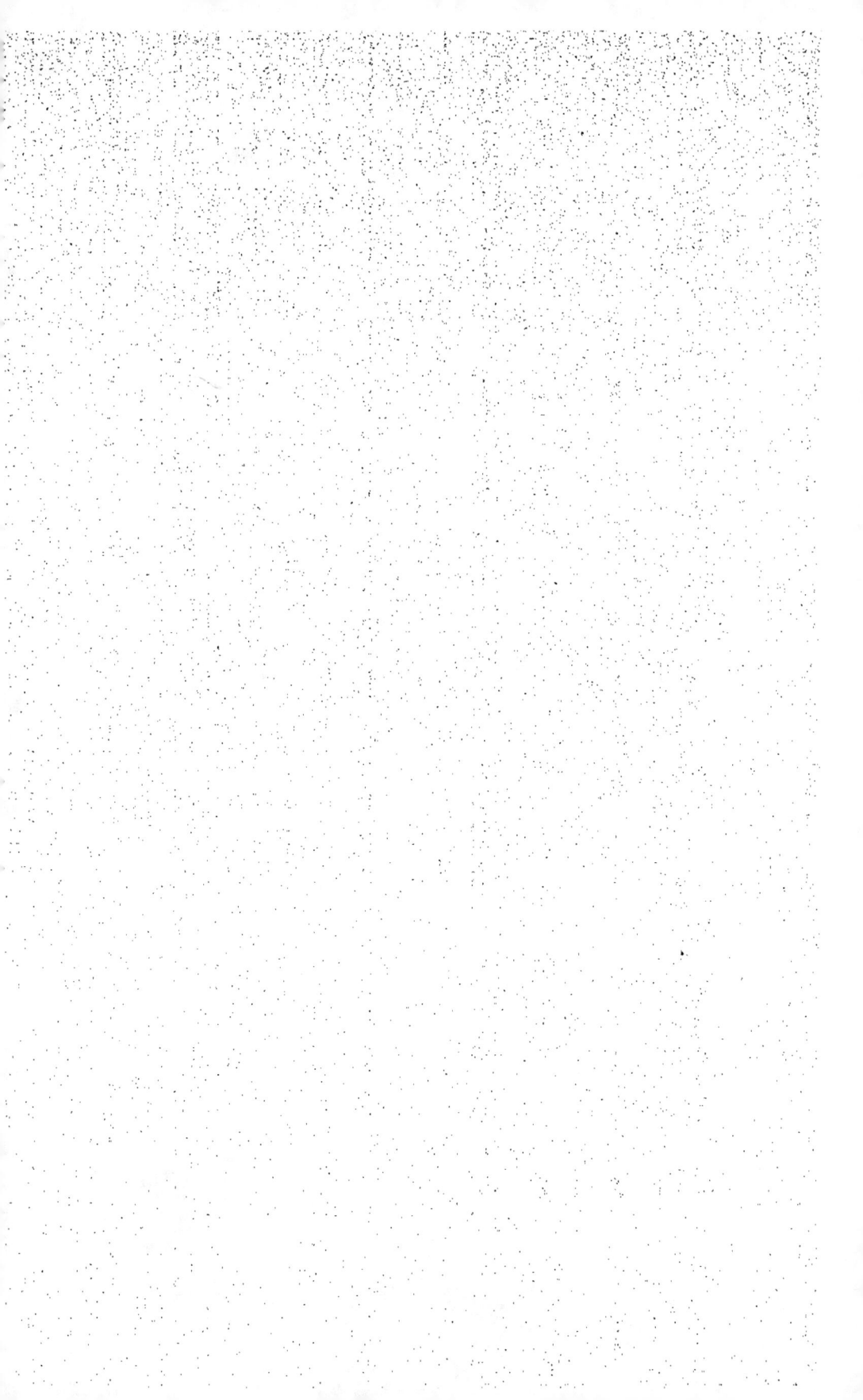

LES OUVRIERS DE LA DERNIÈRE HEURE

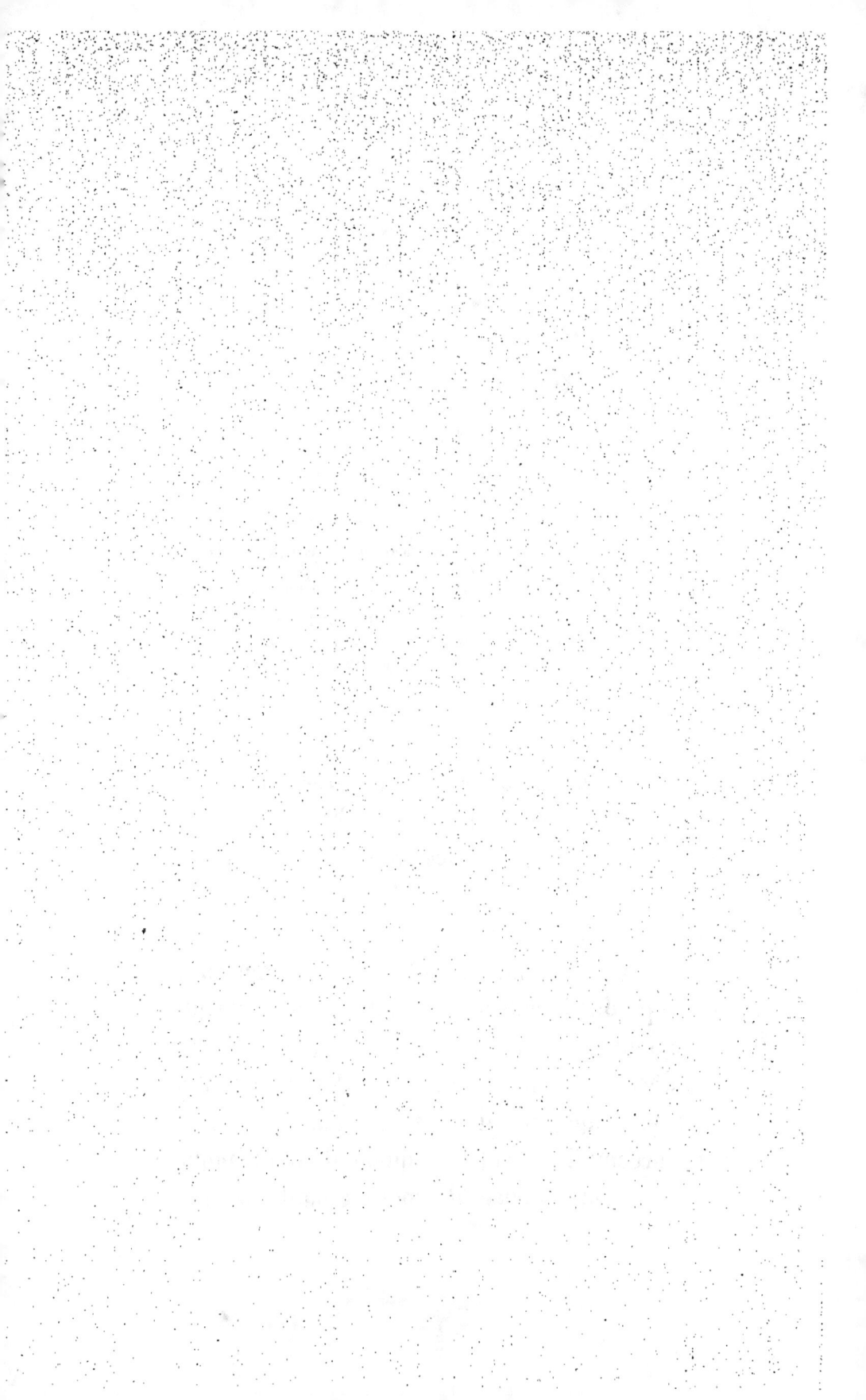

I

« Nous cherchons la vérité, et non la dispute. »
(VOLTAIRE, *Essai sur les mœurs*.)

« Une parole dite à propos est comme des
pommes d'or dans un panier d'argent. »
(*Proverbes*, ch. xxv.)

La *Presse* est le journal du progrès, non de la
routine; de la recherche de la vérité, non de la
propagation de l'erreur; des pionniers de l'avenir,
non des fossoyeurs du passé; des vivants, non des
morts; des systèmes nouveaux qui peuvent sauver,
non des systèmes épuisés qui ont tout compromis
ou tout perdu; le journal enfin de la démocratie qui
monte, non du libéralisme qui descend, des ouvriers
de la dernière heure du jour, non des ouvriers des
heures précédentes, qui ont laissé à d'autres l'œuvre
pour l'accomplissement de laquelle ils ont manqué
de savoir, de puissance, de courage ou de volonté.

Aussi, les écrivains qui ont l'honneur à la fois et
la bonne fortune d'avoir pour tribune ce journal,
d'où l'on peut chaque jour, et dans la mesure des
libertés du temps, s'adresser à plus de deux cent
mille lecteurs, ont-ils à en faire autre chose qu'un
tréteau ou une tangente : un tréteau pour se dra-
per dans toutes les obstinations de l'orgueil, une
tangente pour s'échapper de l'impuissance par tous
les sophismes de l'esprit. Car où sont l'impuissance
et l'orgueil, là entre la colère, et où entre la colère,
l'insulte suit de près. Mais quoi! l'orgueil, l'impuissance, la colère et l'insulte n'ont jamais accompli l'œuvre de la raison.

L'orgueil se pose en Apollon, et du contradicteur
qu'il a, il fait un Marsyas, ne songeant pas que c'est
se moquer, non de Marsyas, mais d'Apollon.

La colère, à bout de voie, lance contre qui la discute un *Orandum est ut sit mens sana in corpore
sano*, et elle ne s'aperçoit pas qu'elle s'enlève ainsi
le droit de discussion, sous peine de passer pour
folle elle-même; car la Sagesse dit : « Ne réponds
pas à un fou selon sa folie, de peur que tu ne lui
deviennes semblable, et que, lui, ne se croie sage.»
Et le fou, en effet, sera réputé sage s'il se tait, et
intelligent s'il ferme sa bouche, en souvenir de ces
paroles : « Le commencement d'une querelle, c'est
l'eau qui passe par une étroite ouverture. Donc,

avant que les dents se heurtent, abandonne la querelle. »

L'insulte, entre gens surtout de la même maison, peut donner lieu à l'application de ces paroles de Labruyère : « Si vous voyez deux chiens qui s'aboient, qui s'affrontent, qui se mordent et se déchirent, vous dites : Voilà de sots animaux ! et vous prenez un bâton pour les séparer. » Or, quand on a le malheur de mettre le pied sur de telles pentes, même sans rouler jusqu'au fond, on descend toujours trop bas.

D'ailleurs, le journal de la dernière heure ne demande pas à ses ouvriers un tel emploi de l'espace et du temps, ni ses lecteurs non plus.

Il sait et ils savent avec Descartes que « les bonnes raisons ont très-peu de force pour persuader la vérité; » avec Voltaire, que « ce n'... pas la logique qui manque aux hommes, m... is le point de départ; » et que « tout homme de parti voit dans un livre ce qu'il veut y voir. »

Il sait et ils savent, avec de Maistre, que « tout est vrai, que tout est faux au gré de l'esprit de parti; qu'il prouve ce qu'il veut; qu'il se moque de tout, et ne s'aperçoit jamais qu'on se moque de lui. »

Enfin, s'il ne le sait et s'ils ne le savent, il me sera permis de leur dire avec Louis Desnoyers : « Est-ce qu'on parvient jamais à réfuter quoi que ce soit? L'opinion se laisse aller nécessairement à des courants divers contre l'impétuosité desquels la logique est un vain obstacle. Vous vous mettez résolûment en travers ; vous opposez des digues d'arguments au torrent de sottises, d'erreurs, de demivérités, de balourdises et de calomnies plus ou moins intéressées qu'il entraîne. Et vous espérez l'arrêter, lui faire rebrousser chemin, ou simplement même le détourner légèrement de son cours? Pas le moins du monde! L'imbécile torrent, à peine suspendu une seconde, s'enfle, s'irrite, grossit, déborde et vous passe par-dessus la tête. Vous en êtes pour vos frais de raison, de rectification et d'indignation ; c'est à recommencer sans cesse ; mais pour peu que vous aimiez la variété d'occupations, le sort de Sisyphe n'est pas de nature à vous tenter beaucoup et vous recherchez volontiers des récréations moins monotones que celles des Danaïdes. »

Aussi le journal et ses deux cent mille lecteurs de la dernière heure ne demandent-ils pas à leurs écrivains qu'ils veuillent à tout prix dire et avoir le dernier mot. D'abord, en quoi que ce soit, il n'y a pas de dernier mot en ce monde : premièrement, pour les raisons qu'on vient de lire, et qui tiennent à la nature même de l'esprit de l'homme ; secondement, pour les raisons qui tiennent à la loi sur laquelle

est constitué le progrès humain et social. Il n'y a de
dernier mot que là où il y a eu le premier, en *Celui
qui est, qui fut et qui sera.*

D'ailleurs, quand ils ont eu les débats entiers
sous les yeux, sans que les habiletés de la contro-
verse en aient pu rien dissimuler, nos lecteurs
veulent, je suppose, en juges intelligents, ne pas
être assourdis par les criailleries faméliques
des plaideurs qui se chamaillent encore en des
lieux où personne n'écoute plus leurs éternelles
redites.

Tout ce que la *Presse* et ses lecteurs demandent,
c'est que ceux qui ont l'honneur d'écrire chez elle
et pour eux se souviennent de ces deux choses : la
première, avec Bacon, que « celui qui rejette les
remèdes nouveaux, s'apprête à des calamités nou-
velles; » la seconde, avec Bonald, que « la vérité
est le premier bien des hommes, le plus sûr fon-
dement des États; que nous ne sommes ici-bas
que pour la connaître, et que nous n'avons pas
d'autre moyen de la découvrir que de la chercher. »

Il n'est pas plus difficile que cela d'être un ouvrier de la dernière heure de la recherche de la
vérité dans la *Presse*, où le maître du champ donne
l'exemple.

C'est pour rester dans cette voie que, dédaigneux

de tout le reste, dans des articles récents, j'y ai relevé uniquement les paroles suivantes :

« Certes il est scandaleux de voir les ouvriers de la dernière heure, ceux qui arrivent quand le gros de la besogne est fait, insulter ces glorieux travailleurs qui ont supporté le poids du jour et de la chaleur. »

Quand on a écrit ces lignes, on ne s'était sans doute pas rendu compte de ce que sont les hommes qu'on qualifie d'ouvriers de la dernière heure. Eh bien, il faut le dire, pour avoir raison de cette appellation à l'usage et glorification de tous ceux qui, lassés ou repus, se couchent, à l'ombre des arbres du champ ou de la route, avant que la moisson soit faite ou que le voyage soit achevé.

Et quels sont ces *glorieux travailleurs* qui ont *supporté le poids du jour et de la chaleur*, et qu'on accuse les ouvriers de la dernière heure d'avoir insultés? Le voici :

« Quant aux hommes qui composent, dans toutes ses nuances, le grand parti libéral, nous les aimons, parce que, par dévouement à cette sainte cause, ils n'ont épargné ni leur fortune, ni leur sang, ni même leur réputation. »

Quand on a écrit ces lignes, on ne s'était sans doute pas davantage rendu compte de ce qu'ont été et ont fait les hommes qui, dans toutes ses nuances,

composent ce qu'on appelle le grand parti libéral.
Si bonne envie qu'on en ait, on n'a pas, j'imagine.
la prétention de les confondre avec les hommes de
la Révolution, avec le parti démocratique, avec les
grands ouvriers de ce travail opiniâtre, souvent
gêné, jamais interrompu, et, public ou latent, toujours actif; avec les héros ou les martyrs « des efforts les plus glorieux, du plus héroïque dévouement, avec les poursuivants toujours à l'œuvre,
sous toutes les formes, du triomphe de la justice et
de la liberté? »

Eh bien, ce que ces hommes ont été et ont fait,
il faut le dire. Et, si on a espéré les confondre avec
le parti révolutionnaire, avec la démocratie, il faut
dissiper cette espérance, non par esprit d'exclusion,
mais par esprit de justice, pour que chacun soit
avec sa part et selon son rang dans l'œuvre de la
Révolution, et aussi pour qu'il soit connu que les
ouvriers de la dernière heure sont hommes de vérité, non d'insulte.

Quand ils ont dit que le parti libéral avait été le
parti de l'autorité bâtarde et de la liberté bâtarde;
qu'au mépris des développements légitimes qui
sont au fond des grands principes de 89, envieux
des supériorités, oppressif des infériorités, il avait
voulu enrayer à son milieu bourgeois le progrès
humain, politique et social, les ouvriers de la der-

nière heure avaient-ils émis une vérité ou lancé une injure? La réponse, depuis plus de trente ans, est au *Moniteur*, au *Bulletin des Lois*, dans une multitude d'arrêts de justice, et plus profondément encore dans la mémoire d'une foule de vieux proscrits.

Si les ouvriers de la dernière heure aujourd'hui disaient comment et de quels éléments ce parti s'est formé à son berceau; s'ils le montraient passant en un jour, comme chacun sait, du camp de l'arbitraire, où il avait bon pied, bon œil, dans le camp de la liberté, où il n'a jamais porté qu'un pied boiteux et un œil louche, auraient-ils, en quelques mots, proféré un mensonge injurieux, ou raconté une histoire vraie?

S'ils le montraient, de 1815 à 1830, poussant dans les sociétés secrètes les vieux colonels de la grande armée, les héroïques soldats de la Loire, les jeunes sergents de la Rochelle, les étudiants des écoles, les artisans des ateliers, que les mouchards attendaient à l'entrée et le bourreau à la sortie, tandis que ses plus illustres chefs s'en allaient incognito de ville en ville, promenant dans leurs malles, d'où ils ne les tiraient jamais, les habits brodés de chefs d'entreprises, dirait-on que les ouvriers de la dernière heure font de la fantaisie injurieuse et non de la sévérité historique?

Si, de cette nuance, qui s'est elle-même glorifiée de son titre de *Comédiens de quinze ans*, les ouvriers de la dernière heure passaient à la nuance du *Cynisme des apostasies* et à celle du *Parti des bornes*, qui ont tour à tour gouverné et administré, de la révolution de 1830 à celle de 1848, jetant annuellement en pâture aux doléances des proscrits ce détestable mensonge qu'elles continuent encore : « *La nationalité polonaise ne périra pas!* » et se faisant, bien autrement encore que lord Palmerston, les gendarmes et les geôliers des insurrections démocratiques de l'Europe : eh bien, voyons, que peut-on les accuser d'en avoir dit? — Contenant leur droit et peut-être leur devoir, ils se sont bornés à dire qu'ils croyaient mort, entre ces deux révolutions, ce grand parti libéral qui avait été également impuissant à diriger l'une et à prévenir l'autre. Qui donc osera dire que les ouvriers de la dernière heure ont mis une injure à la place d'une vérité?

S'ils déclaraient qu'en se mettant en oraison ici même pour qu'ils fussent rendus à leur bon sens, le résurrectionisme a suivi les traditions de l'une des nuances du grand parti dont il s'est dit l'organe; s'ils rappelaient, en preuve, que cette nuance, quand elle avait besoin d'un fauteuil vacant à la cour de cassation, faisait dire dans ses journaux que tel conseiller était fou; que, lorsqu'elle avait besoin d'un portefeuille, celui de l'instruction publique, par exemple, elle publiait partout que le ministre en fonction était tombé de fièvre en chaud mal; là, de bonne foi, les ouvriers de la dernière heure seraient-ils des insulteurs?

Et s'il leur était permis d'aller librement de 1848 à 1851; s'ils demandaient ce que les diverses nuances du grand parti libéral ont fait, à la Constituante, à la Législative ou ailleurs, je ne dis pas du drapeau de la démocratie, ce n'était pas le leur, mais seulement du drapeau libéral sous lequel elles avaient péroré, écrit, banqueté, présidé, gouverné, intrigué, conspiré trente-deux années durant, accuserait-on de mensonge et d'insulte les ouvriers de la dernière heure, s'ils disaient qu'elles ont mis ce drapeau dans leur poche, qu'elles l'ont renié, déserté, livré, et que si, dans Paris, dans les provinces, jusqu'au fond des plus pauvres villages, il y a eu des proscriptions, c'est parce qu'elles en ont dressé la liste? Ce cri sauvage, en effet : « Nous aimons mieux être Cosaques que socialistes! » n'avait-il pas été poussé par leurs journaux?

Si, appuyés sur ces faits irrécusables de notre histoire contemporaine, les ouvriers de la dernière heure ajoutent que les hommes des diverses nuances du parti libéral n'ont été ainsi des ouvriers

d'aucune heure utile et féconde dans le travail opiniâtre de la Révolution; que dans les temps de puissance qui leur ont été alternativement donnés, ces
hommes n'ont fait triompher ni la justice ni la liberté; que, loin de mettre à ce jeu leur fortune, leur
sang, leur réputation, ces mêmes hommes y ont
tous gagné, au contraire, rang, fortune, renommée,
et le reste ; que, si quelques-uns ont perdu tout cela
en 1848 et plus tard, ce n'a point été au service de
la Révolution, mais bien au service de la réaction;
si les ouvriers de la dernière heure déclarent que
parler des sublimes sacrifices du libéralisme, c'est
insulter à ceux qui ont souffert dans leur liberté
et dans leur vie; c'est, pour un intérêt de confusion présente et de réintégration future, vouloir
faire un accouplement monstrueux et impossible
entre les persécuteurs et les persécutés, entre les
satisfaits d'un temps et les déshérités de tous les
temps, entre le parti démocratique et les nuances
libérales qui n'ont cessé de le poursuivre de leurs
lois, de leurs persécutions, de leurs calomnies, dont
elles se sont toujours fait un escabeau pour leur
domination, leur avancement, leur fortune et un
facile chamarrage de toutes sortes d'habits brodés
et de rubans... eh bien, si nous disions toutes ces
choses, le scandale serait-il à les avoir dites, ou
bien, au contraire, ne serait-il pas à prétendre que,

relativement au libéralisme, les ouvriers de la démocratie sont les ouvriers de la dernière heure,
qui arrivent quand le gros de la besogne est fait,
quand tout le poids du jour et de la chaleur a été
supporté; qui surtout se plaignent à tort que leurs
devanciers de trente-deux années aient laissé tout à
faire pour assurer le triomphe de la liberté et de la
justice?

Ah! M. de Potter, lui, — et il y a longtemps, et
les diverses nuances du parti libéral n'avaient pas
encore fait leurs dernières preuves, — M. de Potter
ne croyait point qu'il y eût scandale à dire du
libéralisme dominant ce que nous avons dit du libéralisme mort.

« Qu'est-ce, disait-il dans ses *Études sociales*,
qu'est-ce que le libéralisme avec sa négation, son
doute, lui a substitué (au principe religieux)? l'ab-
sence de tout principe de certitude, de toute règle
de conduite, de morale sociale et de religion humanitaire, l'anarchie sans compensation, la nécessité sans raison, le fait sans droit, le hasard sans
intelligence, l'individualisme, l'isolement et le
désespoir.

« Je regarde le libéralisme, ajoute-t-il, comme
l'un des principaux obstacles à la rénovation sociale... Lorsqu'il se donne pour le dernier mot de
l'intelligence, je regarde le libéralisme et le juge-

ment par majorité, son criterium obligé en morale,
en religion, en politique, en administration, en
économie sociale, comme tellement funestes à la
société humaine, que mon principal grief contre les
temps d'ignorance et de crédulité est d'avoir amené
et nécessité cette époque bâtarde, sans entrailles
comme sans compréhension, vaine, présomptueuse,
bavarde, rancuneuse, lâche et nulle, bien au-dessous de l'époque sombre et cruelle, mais énergique
du moins, des tyrans féodaux et des inquisiteurs de
la foi... Le libéralisme... ne laissera après lui que
le vide. »

Après de telles paroles, le moment est bon pour
dire ce que sont et où vont dans tous les temps les
ouvriers de la dernière heure, qu'on a offerts en
holocauste à la gloire d'un parti qui n'a laissé après
lui que le vide, c'est-à-dire l'œuvre de la liberté et
de la justice à reprendre.

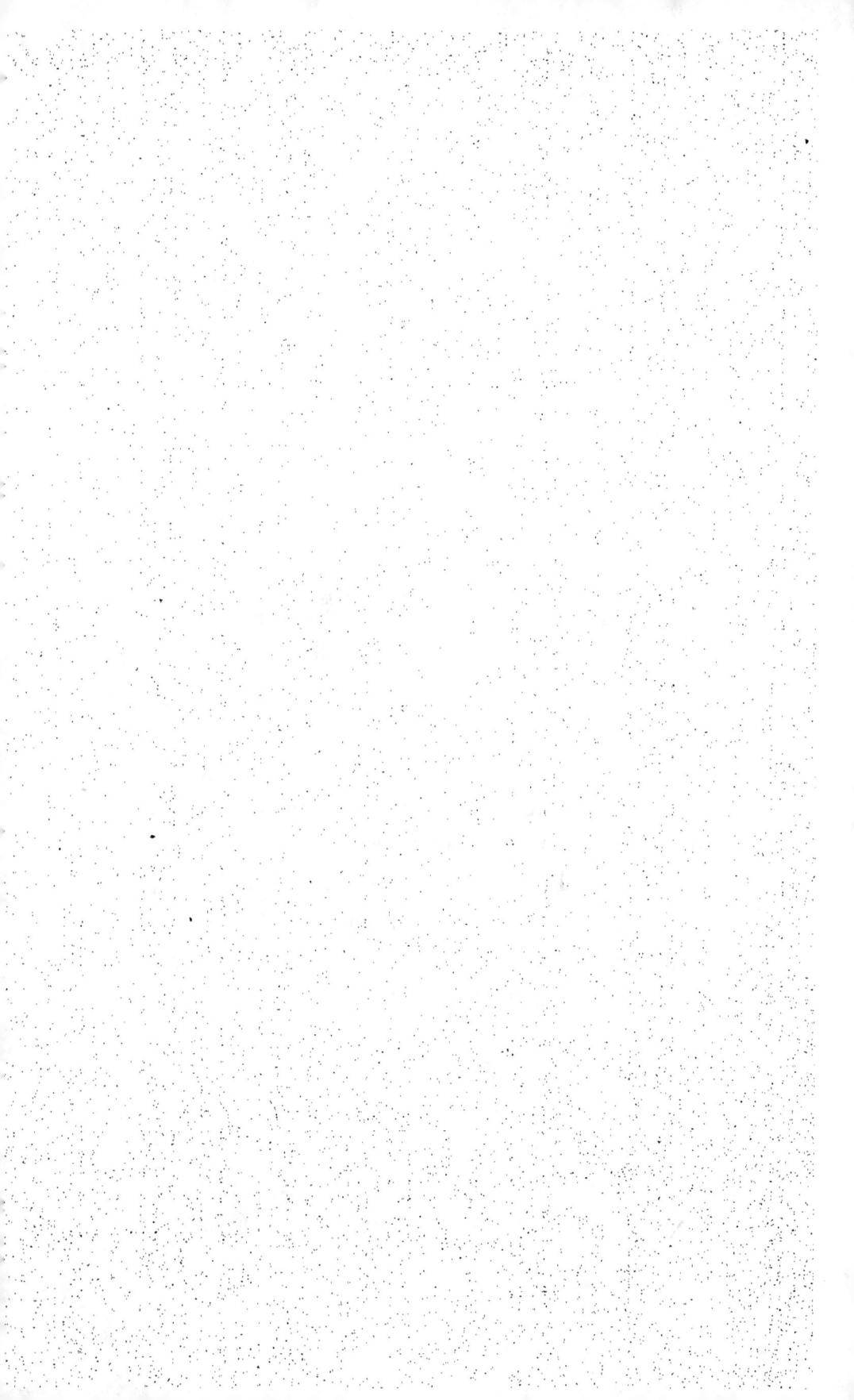

II

Voltaire a dit : « Si tous les docteurs d'une même
ville voulaient se rendre compte des paroles qu'ils
prononcent, on ne trouverait pas deux licenciés qui
attachassent la même idée à la même expression...
Vous m'objecterez que, si la chose était ainsi, les
hommes ne s'entendraient jamais. Aussi, en vérité, ne s'entendent-ils guère. Du moins, je n'ai jamais vu de dispute dans laquelle les argumen-
tateurs sussent bien positivement de quoi il
s'agissait. »

Voltaire a écrit encore : « On dit des gueux
qu'ils ne sont jamais dans leur chemin. C'est qu'ils
n'ont point de demeure fixe. Il en est de même de

ceux qui disputent sans avoir de notions détermi-
nées. »

Le comte de Maistre a dit, de son côté : « Rien
n'afflige la dialectique comme l'usage de ces mots
vagues qui ne présentent aucune idée circonscrite. »

Pour ne point ressembler aux licenciés chinois
et aux gueux dont parle Voltaire; pour ne point af-
fliger la dialectique de ceux qui pensent comme de
Maistre, il est bon, dans la question des ouvriers de
la dernière heure, de s'élever à la connaissance que
voici :

Dans l'ordre purement humain et absolument
parlant, il n'y a pas plus d'ouvriers de la première
et de la dernière heure qu'il n'y a de premier et de
dernier mot. De même que le premier et le dernier
mot appartiennent à « Celui qui est, qui fut et
qui sera, » de même l'unique ouvrier de la première et de la dernière heure est Celui qui a dit :
« Je suis le premier et le dernier, l'alpha et
l'oméga. »

Christ lui-même n'a pas été l'ouvrier de la première heure, car il a dit : « Tous ceux qui sont venus avant moi ont été des larrons et des voleurs,
et les brebis ne les ont pas écoutés. » Il n'a pas été
non plus l'ouvrier de la dernière heure, car il a for-
mellement annoncé qu'il reviendrait, selon cette

parole, entre beaucoup d'autres : « Et si je veux
que celui-ci demeure jusqu'à ce que je vienne, que
t'importe? »

Que, s'il en était autrement, en effet, où serait le
but suprême de la sociabilité et en même temps de
la direction imposée à l'homme par sa propre nature et par l'agrandissement indéfini de son existence? Le jour où le but serait atteint, la société
s'arrêterait donc, et, pour elle, cesser de marcher,
c'est reculer; reculer, c'est mourir.

Le jour où l'homme serait bien le dernier ouvrier de la dernière heure, il aurait secoué la loi
imposée à sa nature et atteint le point culminant
de son agrandissement indéfini. N'ayant plus sa
raison d'être, il cesserait d'être; ou l'humanité
finirait, ou elle aurait elle-même changé l'essence de sa nature ; or l'essence des choses est
éternelle, absolue, et nul, pas même Dieu, qui est
l'ordre éternel et absolu, ne la peut changer.

C'est pour cela que l'humanité, comme Dieu, n'a
point eu de commencement et n'aura point de fin.
Si l'humanité avait eu un commencement, où était-
elle avant? et Dieu, où était-il et que faisait-il? Si
l'humanité avait une fin, où serait-elle après? et
Dieu, où serait-il et que ferait-il? Que serait l'éternité elle-même si, après avoir été vie et mouvement, elle devenait mort et immobilité? La vie et

le mouvement eux-mêmes seraient donc sortis de l'immobilité et de la mort? Conçoit-on une éternité qui peut se modifier? Conçoit-on un Dieu, une humanité, un monde, dont la raison d'être serait convertie en raison de n'être pas, juste au moment même où leur raison d'être fonctionnerait dans sa plénitude?

Sieyès a raison : « Quand un principe conduit à une conséquence absurde, c'est que ce principe est lui-même absurde. »

Voilà justement pourquoi Dieu n'étant pas un principe absurde, et n'ayant rien fait d'absurde, c'est-à-dire d'inutile, il n'y a dans le monde, infini dans le temps comme dans l'espace, ni premier et dernier mot, ni ouvrier de la première et de la dernière heure. Il n'y en a que dans un sens étroit et borné, relatif à une époque, à une circonstance, à une idée, à une politique, à un système, à une religion, à un peuple, à une société. Et encore le premier mot, le premier ouvrier de ce temps, ne sont-ils eux-mêmes qu'un écho prolongé d'un mot dit précédemment, que le continuateur d'une œuvre qui, dans les temps antérieurs, a eu déjà ses ouvriers. De même le dernier mot et le dernier ouvrier de ce temps-là ne sont, à leur tour, que le Verbe du temps qui va suivre, que le dernier anneau de la chaîne à laquelle d'autres anneaux vont s'ajouter,

encore de siècle en siècle. En sorte que chaque
mot, chaque ouvrier de la dernière heure d'un
temps, sont aussi le premier mot et le premier ouvrier d'un autre temps. Voilà pourquoi l'humanité
est comme Dieu : en elle est le premier et le dernier, l'alpha et l'oméga ; elle est la réalisation continue de cette parole du Maître : « Les premiers seront les derniers et les derniers seront les premiers. »
Et voilà pourquoi aussi l'humanité est une, liant
entre elles les générations par une indestructible
solidarité.

Cherchez, en effet, dans les siècles éteints, dans
les empires écroulés, dans les peuples disparus,
dans les sociétés mortes, aussi haut qu'on puisse
remonter! Que, par la puissance palingénésique de
la pensée, on reconstitue la genèse rapide des religions, des lois, des pouvoirs, des réformes, des luttes, des mouvements populaires, des triomphes,
des défaites, de toutes les idées qui ont été pour les
phases diverses de l'humanité autant d'attractions,
de pentes et de colonnes de feu! Qu'on aille de
1848 à 1830 et à 1789 ; de ces trois grands combats
de la démocratie moderne pour conquérir la liberté
politique et l'unité sociale, aux luttes de l'esprit
humain, faisant effort par la philosophie et par la
réforme pour conquérir la liberté de pensée et la
liberté de conscience ; que l'on remonte aux sou-

lèvements des hommes des communes pour conquérir la liberté civile; que de ces vaillants affranchis du moyen âge on passe à travers les décombres
du monde barbare et romain pour rejoindre les confesseurs et les martyrs de la foi en la personnalité humaine, en la souveraineté, en la divinité de l'homme,
enfant et héritier du Père; enfin, qu'on aille de
Christ à Socrate, de Socrate à Job, par delà lequel il
n'y a plus que des siècles et des humanités dont
Dieu seul sait le nombre et connaît l'entrée et la
sortie;... dans ce long et merveilleux travail de
révélations et de protestations que sera-t-il trouvé,
sinon une succession continue d'heures dont cha-
cune aura été une première et une dernière, par
rapport aux heures qui ont suivi et aux heures qui
ont précédé? sinon une œuvre sans commencement
et sans fin, qui a eu ses premiers et ses derniers
ouvriers s'engendrant les uns des autres, se trans-
mettant le dernier mot d'un temps qui devient le
premier mot d'un autre temps?

C'est la pensée qui domine ces paroles d'Émile
de Girardin, s'honorant d'être un ouvrier de la dernière heure : « Laboureur de la pensée! voilà tout
ce que j'ai la prétention d'être; je n'ai nullement
celle de me croire le propriétaire des idées que
j'exprime ou que je recueille, que je sème ou que
je vanne. — De toutes les paternités, la paternité

des idées est la plus douteuse, conséquemment celle qu'il est le moins permis de revendiquer. Qui a engendré une idée? on ne le sait jamais bien. Aussi ne tiens-je compte que de la priorité d'application. Je préfère l'idée mère à l'idée vierge ; le fruit greffé au fruit sauvage. »

Lui-même, dans son Évangile, dans ce livre qui aurait pu être le principe éternellement fécond de tous les agrandissements de l'homme et de la société, si, au lieu d'en faire un livre fermé de foi et de mystères, on l'eût laissé ce qu'il est en réalité, le livre grand ouvert de la raison par excellence ; — dans son Évangile, le Fils de l'Homme ne prononce point de raillerie et d'anathème sur les ouvriers de la dernière heure.

Avec les Scribes et les Pharisiens de son époque, il n'a point dit : « Certes, il est scandaleux de voir les ouvriers de la dernière heure, ceux qui arrivent quand le gros de la besogne est fait, insulter les glorieux travailleurs qui ont supporté le poids du jour et de la chaleur. »

Non, le Fils de l'Homme n'a point dit cela ; il a dit au contraire, pour les ouvriers de la douzième heure, une parabole de justice et de glorification : la parabole du père de famille qui sort dès la pointe du jour afin de louer des ouvriers pour travailler à sa vigne.

« Ayant accordé avec les ouvriers à un denier par
jour, il les envoya à sa vigne. — Il sortit encore
vers la troisième heure du jour, et il en vit d'autres
qui étaient dans la place sans rien faire, auxquels
il dit : Allez-vous-en aussi à ma vigne, et je vous
donnerai ce qui sera raisonnable; et ils y allèrent.
Il sortit encore vers la sixième et la neuvième
heure, et il fit la même chose. Et, vers la onzième
heure, il sortit, et il en trouva d'autres qui étaient
sans rien faire, auxquels il dit : Pourquoi vous
tenez-vous ici tout le jour sans rien faire ? Et ils lui
répondirent : *Parce que personne ne nous a loués.* Et
il leur dit : Allez-vous-en aussi à ma vigne, et vous
recevrez ce qui sera raisonnable.

« Quand le soir fut venu, le maître de la vigne
dit à celui qui avait le soin des affaires : Appelle
les ouvriers et leur paye leur salaire, *en commençant
depuis les derniers jusqu'aux premiers.* Et ceux
qui avaient été loués sur la onzième heure étant
venus, ils reçurent chacun un denier. Or, quand les
premiers furent venus à leur tour, ils *s'attendaient
à recevoir davantage,* mais ils reçurent aussi chacun un denier. Et, l'ayant reçu, ils murmuraient
contre le père de famille, disant : *Ces derniers
n'ont travaillé qu'une heure, et tu les as égalés à
nous qui avons supporté tout le poids du jour et de la
chaleur.* Mais il répondit à l'un d'eux et lui dit :

« Mon ami, je ne te fais point de tort; n'as-tu pas accordé avec moi à un denier par jour? *Prends ce qui est à toi et t'en va;* mais je veux donner à ce dernier autant qu'à toi. Ne m'est-il pas permis de faire ce que je veux de ce qui est à moi? Ton œil est-il mauvais de ce que je suis bon? Ainsi les derniers seront les premiers et les premiers seront les derniers; car il y en a beaucoup d'appelés, mais peu d'élus. »

O Scribes et Pharisiens de tous les temps, qui, « ayant pris la clef de la connaissance de la vérité, du droit, de la liberté et de la justice, non-seulement n'y êtes point entrés vous-mêmes, mais qui, encore par ruse et par violence, avez empêché d'entrer ceux qui voulaient le faire, » ne retrouvez-vous donc pas dans cette parabole l'accomplissement par transmission continue de l'œuvre de la civilisation et de l'humanité, d'heure en heure, d'ouvriers en ouvriers?

Dans les ouvriers de la première heure, loués pour tout le jour, ne retrouvez-vous pas les législateurs, les rois, les pontifes, les premiers d'entre tous, qui avaient charge de mener à bien le travail et la récolte du père de la grande famille? Ils n'ont pas suffi à la tâche, et le père de famille a appelé pour les aider les grands, les riches, les nobles, les puissants, les oisifs, les ouvriers de la troisième heure qui étaient dans la place sans rien faire.

Et ceux-ci encore n'ont pas suffi à la tâche; et alors le père de famille, entre la sixième et la neuvième heure (du quatorzième au dix-neuvième siècle), a appelé les ouvriers du tiers état, de la bourgeoisie, des classes moyennes; mais ceux-ci, après avoir bouleversé la vigne, n'ont su ni la replanter ni la cultiver, ni lui faire porter les fruits que demande le maître.

Alors le maître, vers la onzième heure du jour, l'heure dernière, celle après laquelle vient la nuit, s'en est allé sur la place, et il a dit aux plébéiens, aux exclus de tout pouvoir, aux déshérités de tout droit: Pourquoi vous tenez-vous ici tout le jour sans rien faire? Et les plébéiens ont répondu: Parce que personne ne nous a loués.

Et, en effet, personne, ni les royautés, ni les aristocraties, ni les bourgeoisies, ne les avaient appelés à l'œuvre de la science et de la civilisation; elles les avaient repoussés, au contraire, et parqués en des lieux où règnent les seules ténèbres de l'ignorance, engendrant la misère, qui engendre l'ignorance à son tour. Et le père de famille leur a dit: — Enfants et cohéritiers comme les rois, les pontifes, les nobles et les bourgeois, allez-vous-en aussi à ma vigne, et vous recevrez ce qui sera raisonnable.

Et voilà comment, en ce siècle, le peuple est l'ouvrier de la dernière heure! Et voilà comment, après
les bras ramollis du patriciat, et les bras impuissants de l'oligarchie bourgeoise, les bras robustes
de la démocratie, qui n'avaient jamais été loués
que pour la destruction et la ruine, ont été appelés
pour l'œuvre de la réédification.

Qu'importent vos plaintes, ô ouvriers de la première, de la troisième et de la sixième heure! Vous
avez supporté le poids du jour et de la chaleur,
dites-vous; soit; mais, puisque vous n'avez point
fait l'œuvre du maître, cela prouve que pour vous
le jour a été trop long et la chaleur trop lourde.

De quoi vous plaignez-vous d'ailleurs? N'avez-
vous pas eu votre denier en honneurs, en dignités,
en autorité, en domination? Et, parce que vous
avez laissé passer votre heure dans les délices de
vos Capoues féodales et bourgeoises, faut-il donc
que la vigne du maître demeure bouleversée et in-
féconde? Êtes-vous donc la fin de tout, pour que
rien ne vous puisse succéder? Les royautés ont
dit cela, et les aristocraties sont venues; les aristocraties ont dit cela, et les bourgeoisies ont été
appelées; les bourgeoisies ont dit cela, et voici que
la démocratie vient à la dernière heure. Et c'est
ainsi que, dans l'œuvre de la civilisation par la
vérité, le droit, la liberté et la justice, les derniers

sont les premiers, et les premiers sont les derniers. « *Prends ce qui est à toi et t'en va, car il y en a beaucoup d'appelés, mais peu d'élus.* »

Et les élus, ce sont les ouvriers de la dernière heure, précisément parce qu'elle est la dernière; parce qu'après elle vient une nuit qui dure parfois des années et trop souvent des siècles.

Oui, ils sont les élus; les élus de l'affliction comme Job; de la ciguë comme Socrate; de la croix comme Christ; des tigres et des lions du cirque comme les confesseurs et les martyrs; des tortures et des chevalets comme les paysans et les affranchis des communes; des bûchers comme les Vaudois, les Albigeois et les fiers protestants du quinzième et du seizième siècle, nés des cendres de Wicleff, de Jean Huss et de Jérôme de Prague. Ils ont été depuis les élus de la hache, du glaive, du plomb, des geôles, de l'exil, comme tous les révolutionnaires de la grande époque, comme tous les combattants des millésimes postérieurs qui en ont été les glorieux appendices.

Ils sont les élus, parce qu'ils sont les soldats de la bataille livrée à la dernière heure du jour; parce qu'avant de tomber vaincus, sanglants, morts ou prisonniers, ils s'en sont allés, comme le Maître dans le jardin des Oliviers, secouer ceux qui dormaient, leur disant comme lui : « Simon, tu dors, n'as-tu pu veil-

ler une heure? » Comme lui, après s'être remis à
l'œuvre, ils reviennent encore, et ils trouvent encore
endormis ceux qui par serment avaient promis de les
suivre, « mais dont les yeux sont appesantis, et qui
ne savent aussi que répondre. » Ils reviennent encore
une troisième fois, et ils disent à tous les ouvriers
des heures précédentes : « Vous dormez encore et
vous vous reposez, c'est assez! l'heure est venue,
voici : le Fils de l'Homme va être livré entre les
mains des méchants. Levez-vous, allons, voici :
celui qui me trahit s'approche. »

Ils sont les élus, parce qu'alors ceux qui devaient
marcher avec eux prennent la fuite; parce que ceux
qui avaient dit : « Quand même tous les autres seraient scandalisés, nous ne le serions pas, » les re-
nient trois fois avant que le coq ait chanté, non-
seulement devant les puissances du siècle, mais
encore, pour comble d'abaissement, devant les
soldats, les serviteurs et les servantes.

Ils sont les élus, et ils ont le salaire de tout le
poids du jour et de la chaleur; de derniers qu'ils
étaient, ils sont les premiers. parce que le lendemain ceux qui étaient les premiers, ceux de la
sixième, de la troisième et de la première heure,
les regardent passer, à travers les soupiraux des
caves, sur la charrette qui les porte à l'échafaud, à
la prison, à la Morgue ou à l'exil.

11

Ils sont les élus, les élus de la foi dans l'avenir, parce que, tandis que les ouvriers des heures précédentes prononcent sur eux un moqueur *Orandum est ut sit mens sana in corpore sano*, eux, les ouvriers de la dernière heure, disent, avec le Maître, sans colère et sans haine : « La moisson est grande, mais il y a peu d'ouvriers. Priez donc le maître de la moisson d'envoyer des ouvriers dans la moisson. »

Voilà ce qu'en tout temps ont fait et ont été les ouvriers de la dernière heure.

Raillez donc bien la démocratie, messieurs! Faites-lui donc bien obstacle! Ses enfants aujourd'hui sont les ouvriers de la dernière heure. Toujours prêts pour la guerre ou pour le travail, ils peuplent les camps ou encombrent les ateliers. Ils vont en Crimée, ils iront sur le Rhin, partout où il faudra aller. Mais, s'ils tombent, si la nuit vient avant que l'œuvre soit achevée, que restera-t-il? qu'arrivera-t-il?

Demandez-le aux lâchetés et aux trahisons de 1814 et de 1815, quand les ouvriers de la dernière heure de la grande armée et de l'intégrité du territoire, qu'on a appelés des *brigands*, furent tombés à Montmirail et à Waterloo.

Demandez-le au vieux monde romain, quand, au-dessous de ces patriciens avilis, de ces affranchis ruinés, qui avaient dit aussi : « Nous aimons mieux être barbares que chrétiens, » il n'y eut plus dans l'Empire d'autre peuple que cette plèbe immense du *panem et circenses,* que ces foules errantes dont les historiens du troisième au cinquième siècle nous ont raconté les asservissements et les misères !

APPENDICE

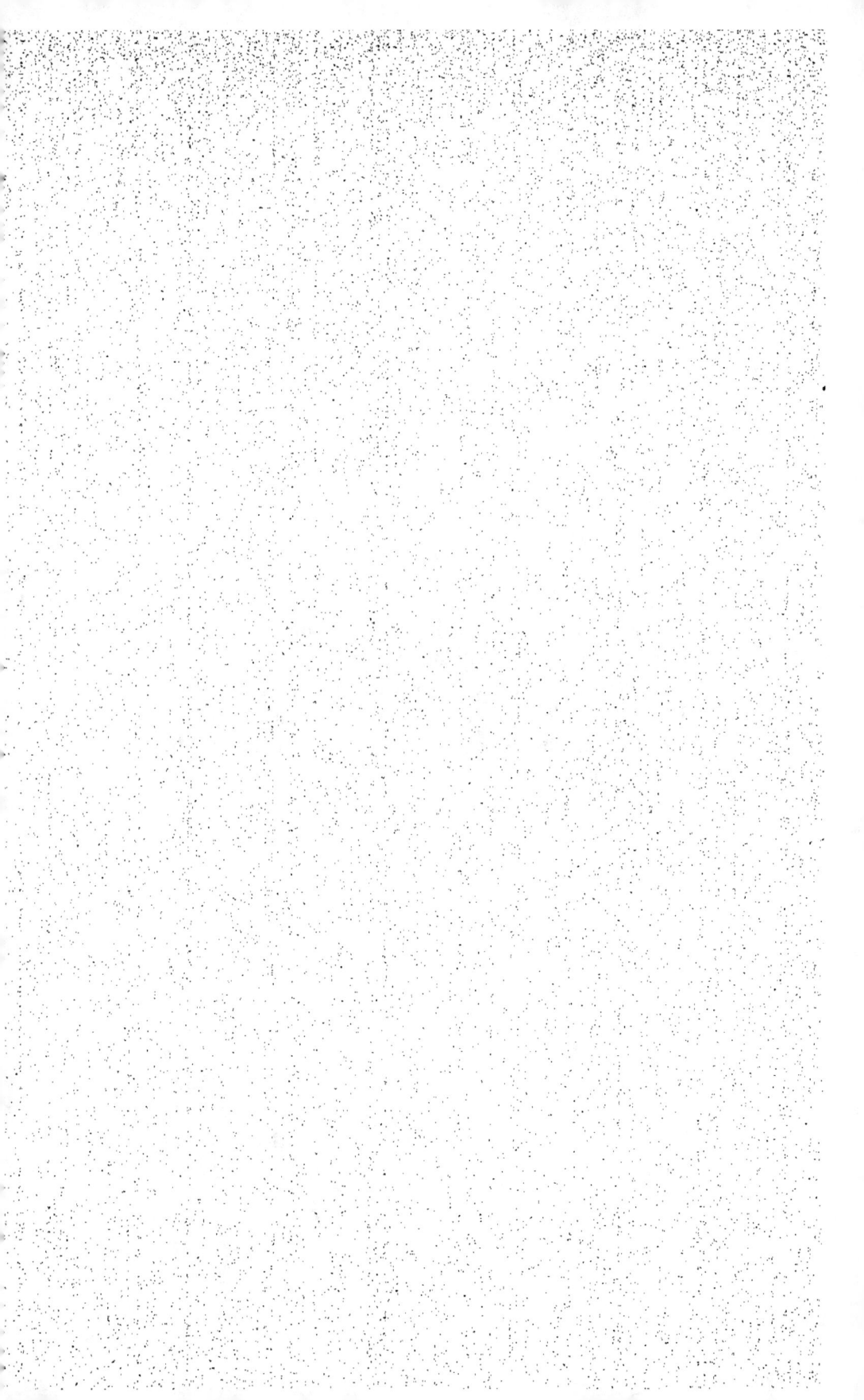

Fénelon disait en 1710 :

« La France est une vieille machine délabrée qui va encore de l'ancien branle qu'on lui a donné, et qui achèvera de se briser au premier choc. » C'est vrai, s'écria l'auteur de la *Science sociale*, la France se brisera ; mais ce sera au choc des nationalités, qui se briseront toutes pour se fondre dans l'unité humanitaire.

———

« Il n'y a plus aujourd'hui de Français, d'Allemands, d'Espagnols, d'Anglais même, quoi qu'on en dise, il n'y a que des Européens. Tous ont les mêmes goûts, les mêmes passions, les mêmes mœurs, parce qu'aucun n'a reçu des formes nationales par une constitution particulière. Tous, dans les mêmes circonstances, feront les mêmes choses ; tous se diront désintéressés et seront fripons ; tous parleront du bien public et ne penseront qu'à eux-mêmes ; tous vanteront la médiocrité et voudront être des Crésus ; ils n'ont d'ambition que pour le luxe, ils n'ont de passion que celle de l'or. Sûrs d'avoir avec lui tout ce qui le tente, tous se vendront au premier qui voudra les payer. Que leur importe à quel maître ils obéissent, de quel État ils suivent les lois! Pourvu qu'ils trouvent de l'argent à voler et des femmes à corrompre, ILS SONT PARTOUT DANS LEUR PAYS. »

(ROUSSEAU.)

« L'Europe ne formera bientôt plus que deux partis ennemis: ON NE S'Y DIVISERA PLUS PAR PEUPLES ET PAR TERRITOIRES, MAIS PAR COULEURS ET PAR OPINIONS. Et qui peut dire les crises, la durée, les détails de tant d'orages? Car l'issue n'en saurait être douteuse; les lumières et le siècle ne rétrograderont pas. Quel malheur que ma chute! J'avais renfermé l'outre des vents, les baïonnettes ennemies l'ont déchirée. Je pouvais marcher paisiblement à la *régénération universelle*: elle ne s'exécutera désormais qu'au travers des tempêtes! *J'amalgamais, peut-être extirpera-t-on!* »

(NAPOLÉON.) Sainte-Hélène, 15 avril 1816.

« Je voulais préparer la *fusion des grands intérêts européens*, ainsi que j'avais opéré celle des partis au milieu de nous. J'ambitionnais d'arbitrer un jour la grande cause des peuples et des rois: il me fallait donc me créer des titres auprès des rois, me rendre populaire au milieu d'eux. Il est vrai que ça ne pouvait être sans perdre auprès des peuples: je le sentais bien, mais j'étais tout-puissant et peu timide; je m'inquiétais peu des murmures passagers des peuples, bien sûr que le résultat devait me les ramener infailliblement. »

(Idem.) 28 avril 1816.

« Et après tout à quoi bon? — Je réponds: A fonder une nouvelle société et à éviter de grands malheurs. L'Europe attend, sollicite ce bienfait; le vieux système est à bout, et le nouveau n'est point assis et ne le sera pas sans de longues et furieuses convulsions encore. »

(NAPOLÉON.) 6 novembre 1816.

« Une de mes grandes pensées avait été l'agglomération, la concentration des mêmes peuples géographiques qu'ont dissous, morcelés, les révolutions et la politique. Ainsi l'on compte en Europe, bien qu'épars, plus de trente millions de Français, quinze millions d'Espagnols, quinze millions d'Italiens, trente millions d'Allemands; *j'eusse voulu faire de ces peuples un seul et même corps de nation.* C'est avec un tel cortège qu'il eût été beau de s'avancer dans la postérité et la bénédiction des siècles. Je me sentais digne de cette gloire!

« Après cette simplification sommaire, il eût été plus possible de se livrer à la chimère du beau idéal de la civilisation : c'est dans cet état des choses qu'on eût trouvé plus de chances d'amener partout l'unité des codes, celle des principes, des opinions, des sentiments, des vues et des intérêts. Alors peut-être, à la faveur des lumières universellement répandues, devenait-il permis de rêver, pour la *grande famille européenne, l'application du congrès américain, ou celle des* AMPHICTYONS *de la Grèce*; et quelle perspective alors de force, de grandeur, de jouissances, de prospérité! Quel grand et magnifique spectacle! »

. . . .

« Quoi qu'il en soit, cette agglomération arrivera tôt ou tard par la force des choses; l'impulsion est donnée, et je ne

— 170 —

pense pas qu'après ma chute et la disparition de mon système, il y ait en Europe d'autre grand équilibre possible
que l'agglomération et la CONFÉDÉRATION DES GRANDS PEUPLES.
*Le premier souverain qui, au milieu de la première grande
mêlée, embrassera de bonne foi la* CAUSE DES PEUPLES, *se
trouvera à la tête de toute l'Europe et pourra tenter tout ce
qu'il voudra.* »

(NAPOLÉON.) 11 novembre 1816.

« S'il existait entre les peuples des tribunaux dont les
sentences eussent une sanction suffisante, comme il en existe
entre les individus, on verrait peu à peu changer l'opinion
en ce qui touche à la guerre; elle inspirerait la même hor-
reur que toute autre espèce de meurtre, parce qu'elle ne
serait plus, en effet, que le meurtre pur et simple. Les développements futurs de la civilisation amèneront-ils une
solution semblable? Je le crois, et le temps ne me paraît
pas même extrêmement éloigné pour les nations chrétien-
nes. Mais, auparavant, il faudra que tous les vieux gouvernements de famille, de caste, disparaissent, avec le droit
qui leur sert de base. »

. . . .

« Toutes les familles ne feront qu'une famille, et toutes
les nations qu'une nation. »

(LAMENNAIS.)

« L'ère des peuples est venue, reste à savoir comment
elle sera remplie. Il faudra d'abord que l'Europe se nivelle
dans une même existence. »

(CHATEAUBRIAND.)

« Le genre humain doit se réunir en un vaste corps organisé ayant connaissance de lui-même. Les intérêts particuliers feront place à l'amour universel, et le but de l'existence sera de former une vie sociale, juste, vertueuse et grandiose à la fois. »

(FICHTE.)

« Quiconque n'englobe pas la Chine dans ses rêves de politique universelle ne peut voir clair sur la tendance actuelle des sociétés humaines. »

(ENFANTIN. Correspondance politique.)

« TELLE EST LA SOCIÉTÉ FRANÇAISE, TEL IL EST ÉCRIT QUE SERA LE GENRE HUMAIN. »

(PROUDHON, Philosophie du progrès.)

« Que l'idée de patrie comprenne véritablement tous les hommes, et la monstruosité qu'on appelle un despote n'est plus possible. »

(PIERRE LEROUX. Revue sociale.)

« L'Europe est un seul et même peuple, dont les différentes nations sont les provinces ; <i>l'humanité tout entière n'est qu'une seule et même nation</i> qui doit être régie par la loi d'une nation bien ordonnée, à savoir : <i>La loi de justice, qui est la loi de liberté.</i> »

(MICHEL CHEVALIER, professeur au collège de France. Lettres sur l'organisation du travail.)

« Nous n'avons pas même pleuré en voyant s'éteindre

— 172 —

l'amour de la patrie, parce qu'il n'est à nos yeux que l'égoïsme des nations. Le temps approche où les nations abandonneront les bannières d'un libéralisme irréfléchi et désordonné, pour entrer avec amour dans un état de paix et de bonheur, pour abdiquer la méfiance et reconnaître qu'il peut exister sur la terre un pouvoir légitime...

« L'humanité entière ne doit former qu'une seule association. Alors l'unité s'établit entre toutes les tendances de l'homme; l'ordre moral préside également à l'ordre intellectuel et à l'ordre matériel, aux pensées et aux actions; enfin l'égoïsme et le dévouement, l'intérêt et le devoir, le droit et l'utilité, convergent vers un même but, ou mieux deviennent identiques.

« Les hommes ont été tous ennemis les uns des autres; mais un jour ils seront tous frères; chaque phénomène a eu sa cause, ou mieux encore a renfermé en lui la propre cause de son être. Mais tous n'auront un jour qu'une seule cause, qu'une seule fin; les familles, les citoyens, les nations ont été isolées, mais il n'y aura qu'une seule famille souveraine, qu'une seule cité, qu'une seule patrie!... »

(BAZARD, 1820.)

« Pour nos enfants, les fureurs de la nationalité et la rage guerrière paraîtront un délire; le globe n'offrira plus qu'une seule famille. »

(Le Producteur, 1820.)

———

« Les bons esprits ne se laissent plus séduire par la fantasmagorie des grands mots dont on a tant abusé la crédulité de l'ignorance. L'amour de la patrie, dit Delorme, n'est au fond que le désir de nuire aux autres hommes, en faveur de la société dont on est membre. L'amour de la gloire n'est que le désir de les massacrer pour s'en vanter ensuite.

« On parle beaucoup de l'indépendance des nations, de la terreur qu'on leur inspire de passer sous une domination étrangère; c'est un des moyens les plus communs pour appesantir son propre sceptre. C'est une duperie comme tant d'autres; quand les lois d'un grand peuple sont mauvaises et le maintiennent dans l'esclavage et la souffrance, il ne doit pas craindre d'en changer, quelle que soit la main qui lui en offre de *meilleures* ! »

(Baron BOUVIER DUMOLARD, conseiller d'État. *Des causes du malaise en France.*)

« Tant qu'il y aura des intérêts exclusifs de nation, il y aura appel à la force, à l'*ultima ratio regum*, et par conséquent anarchie.

« PATRIE ! Il n'y en a qu'une pour l'homme : c'est le monde ! Créer une autre patrie, c'est un crime de lèse-humanité.

« PATRIE ! mot exécrable, auteur de tous les maux de l'homme soi-disant civilisé. Égoïsme social ! tu disparaîtras; mais la liberté conservera ton souvenir pour le vouer à l'infamie. Ce nom de patriotisme sera pour les peuples libres ce que le nom de liberté est maintenant pour les tyrans, un objet de terreur et d'exécration.

« PATRIE ! C'est en ton nom que toujours des frères se sont égorgés. Les Bourguignons, les Flamands, les Normands, ont porté le fer et la flamme les uns chez les autres. Selon vous, patriotes, ces guerres étaient alors justes et saintes; selon vous, ces mêmes guerres seraient aujourd'hui iniques, impies! Pourquoi ces différences? Parce qu'alors chacun de ces pays avait son tyran. C'était donc à cause des tyrans que ces peuples s'incendiaient, s'égorgeaient, et non point pour leur propre bonheur. Les patries naissent donc des tyrans, et non des peuples? Et vous les adorez, ces patries! Idoles! faux dieux! Et pourquoi des Russes, des Autrichiens, des Anglais, des Français, peuvent-ils s'égorger d'un instant à l'autre? Est-ce pour le bien de chaque patrie, de chaque peuple ou de chaque tyran? Patriotes! servez-vous des tyrans dans l'espoir de devenir tyrans à votre tour! Vous faites bien; vous êtes indignes de la liberté. Placez-vous dans les rangs doctrinaires: doctrine et patriotisme vont bien ensemble; l'une est la théorie du crime, l'autre en est la pratique.

« PATRIE! C'est le péché originel social. Le messie qui l'effacera de la civilisation aura sauvé le monde.

DU PACTE SOCIAL, 1835. (Anonyme.)

« Plus le monde se perfectionne, plus les barrières qui divisent les hommes s'élargissent, plus il y a de pays que les mêmes intérêts tendent à réunir.... Plus la civilisation a fait de progrès, et plus cette transformation s'est opérée sur une grande échelle.

« On se battait d'abord de porte à porte, de colline à colline; puis l'esprit de conquête et l'esprit de défense ont formé des villes, des provinces, des États, et, un danger commun ayant réuni une grande partie de ces fractions territoriales, les nations se formèrent. Alors, l'intérêt national embrassant tous les intérêts locaux et provinciaux, on ne se battit plus que de peuple à peuple, et chaque peuple à son

tour s'est promené triomphant sur le territoire de son voi-
sin lorsqu'il a eu un grand homme à sa tête et une grande
cause derrière lui.

« La commune, la ville, la province, ont donc l'une après
l'autre agrandi leur sphère sociale et reculé les limites
du cercle au delà duquel existe l'état de nature. *Cette
transformation s'est arrêtée à la frontière de chaque pays,
et c'est encore* LA FORCE, ET NON LE DROIT, *qui décide du* SORT
DES PEUPLES. »

(Œuvres de L.-N. BONAPARTE.)

L'auteur de la *Science sociale* (M. Colins) fait suivre ce
passage du commentaire que voici :

« Les fractions sociales, en communications inévitables,
sont toujours devenues *une par la force.* Sous peine de voir
les individus qui les composaient périr au sein de l'anarchie, toutes ont perdu le nom fractionnaire pour prendre un
nom d'ensemble. Les familles sont devenues une horde, les
hordes sont devenues une tribu, les tribus sont devenues
une cité, et ainsi de suite jusqu'à l'état actuel des nationalités, et cela toujours en se trouvant *par la force* placées sous
un même droit, sous une même fonction.

« Maintenant la même nécessité de s'unir existe pour les
nations comme elle a existé pour les fractions portant les
noms horde, tribu, etc.

« D'un autre côté, la force, en présence de l'incompressi-
bilité de l'examen, ne peut plus être transformée en droit,
et la force brutale est incapable de servir de base d'ordre
stable même à la plus petite fraction sociale possible.

« Il faut donc que les fractions nationales périssent ou
que l'humanité périsse. »

(Qu'est-ce que la Science sociale ? t. I.)

« Les Suisses eux-mêmes ne sont pas d'accord. La plupart des cantons qu'on appelle aristocratiques ont fait une révolution cantonale; les autres petits cantons, appelés démocratiques, se refusent à participer à l'alliance commune, car ils appellent liberté les abus qu'on leur a laissés et les privilèges qu'ils exercent. *Leur vue étroite ne passant pas la limite de leur canton, ils oublient l'intérêt commun,* et, par les malheureux effets d'un système qui tend toujours à l'isolement, *ils se croient plutôt alliés des autres cantons qu'enfants d'une même patrie.*

« Si l'on jette un coup d'œil sur les destinées des diverses nations, on recule d'épouvante, et l'on élève alors la voix pour défendre les droits de la raison et de l'humanité. En effet, que voit-on partout? *Le bien-être de tous sacrifié, non aux besoins, mais au caprice d'un petit nombre.* Partout deux partis en présence : l'un qui marche vers l'avenir pour atteindre l'utile; l'autre qui se cramponne au *passé* pour conserver les abus. Là on voit un despote qui opprime; ici, un élu du peuple qui corrompt; là, un peuple esclave qui meurt pour acquérir son indépendance; ici, un peuple libre qui languit parce qu'on lui dérobe sa victoire. »

(Œuvres de L.-N. Bonaparte.)

Extrait d'une lettre adressée de Londres à la Presse au sujet d'une séance du Congrès de la paix, et signée par M. Joseph Garnier, l'habile économiste.

« La dernière séance de cette imposante réunion a été surtout remarquable par l'accueil qui a été fait à quinze ouvriers parisiens venus pour l'Exposition et pour le *Congrès de la paix.* A peine ont-ils été vus à la suite de M. Henri Vincent, qui s'occupait de leur trouver des siéges, que tout l'auditoire s'est levé en battant des mains sous l'influence d'une touchante émotion qui nous a singulièrement flattés, nous, les compatriotes de ces représentants de l'intelligente famille des ouvriers parisiens. Ce nouveau trait d'union entre la France et l'Angleterre a inspiré à M. Henri Vincent quelques nobles paroles auxquelles M. Pierre Vinçard, un des nouveaux arrivants, a répondu avec beaucoup de dignité et de convenance à travers les applaudissements et les acclamations de l'assemblée :

« Le lendemain, une brillante soirée était offerte aux membres étrangers dans les salons aristocratiques de Villig-Saint-James. Un millier de personnes, dont moitié de dames, s'y étaient rendues. Les étrangers, les Français surtout, et les ouvriers venus de Paris en députation, y ont été l'objet des attentions les plus délicates.

« Voici les paroles que M. Pierre Vinçard (aujourd'hui rédacteur de la *Presse*) a adressées au congrès au nom des ouvriers ses compagnons :

« Citoyens du monde, vous donnez en ce moment un
« grand enseignement.

« Divers de caractère, de mœurs, de langage, vous êtes
« unis dans une pensée commune : la paix universelle.

« Honneur à vous, trois fois honneur!

« Recevez donc les remerciments sincères des travailleurs
« de Paris envoyés pour étudier l'Exposition universelle.
« Ils sont heureux et fiers d'être admis dans cette enceinte.
« Heureux, car la pensée qui les anime est la même que la

12

« votre; fiers, car vous venez de leur prouver votre sym-
« pathie.

« Oui, plus que d'autres, nous devons vous remercier de
« vouloir anéantir ce fléau qui désole l'univers depuis tant
« de siècles; car c'est sur nous, travailleurs manuels, que la
« guerre pèse de son poids le plus lourd.

« La guerre! elle détruit ou brise notre existence; de pro-
« ducteurs que nous étions ou que nous devions être, elle
« nous transforme en instruments de destruction. Nos
« mains, destinées à tenir l'outil ou la charrue, sont par
« elle teintes de sang et livrent à la désolation des hommes
« dont l'existence est utile. Dieu nous avait créés pour don-
« ner la vie, et on nous emploie à donner la mort.

« La guerre! elle n'a souvent d'autre but que de satis-
« faire des ambitions ou des intérêts dont nous sommes tou-
« jours les victimes.

« La guerre! elle perpétue notre ignorance; elle annihile
« nos facultés; elle fait de nous des machines, quand nous
« devrions être des producteurs intelligents; elle arrache
« l'agriculteur à la terre, notre mère nourrice; elle enlève
« le travailleur à son atelier. Un soldat qui tombe dans une
« bataille est un producteur de moins au champ de l'in-
« dustrie.

« La guerre! sous prétexte de gloire, elle nous prend
« pleins de sève, de force et de vigueur, et nous laisse sou-
« vent faibles et mutilés.

« La guerre! elle n'est pas seulement violente, terrible;
« elle prend toutes les formes, et nous autres, travailleurs
« manuels, nous la sentons encore sous son aspect le plus
« triste, le plus poignant : elle s'appelle alors la misère.

« Citoyens du monde, en réunissant vos efforts contre ce
« fléau des grands gouvernements, vous détruisez les causes

« du paupérisme, qui, comme un ver rongeur dans un beau
« fruit, enlève à notre civilisation une partie de sa puis-
« sance et fait ombre au tableau de nos splendeurs indus-
« trielles.

« Tant qu'une portion de l'humanité souffre, toutes les
« autres s'en ressentent; car ceux qui souffrent protestent,
« luttent, et la paix que nous souhaitons tous ne peut avoir
« de réalisation.

. . . .

« Les peuples commencent déjà à se tendre fraternelle-
« ment la main, et, ce qui nous a le plus frappé en entrant
« dans cette grande cité, c'est que les barrières n'y exis-
« taient pas.

« Les nationalités disparaissent, et, dans quelques an-
« nées, vos efforts ne leur permettront d'exister que de
« nom.

« Leur émulation ne peut maintenant être excitée que
« par la production, par le bien-être, par l'instruction
« qu'elles sauront créer et répandre sur tous les hommes
« d'une même patrie.

« Jusqu'à ce que le mot et l'idée de *nation* soient effacés
« de notre langue et de nos mœurs, la plus grande nation
« sera celle qui comptera le plus de travailleurs heureux et
« le moins de soldats.

« Citoyens du monde, nous vous remercions de votre
« grande et généreuse initiative, et nous disons avec vous :
« Union sincère et durable des peuples par l'anéantissement
« de la guerre et du paupérisme. »

« En lisant mon livre (*Studi politico-sociali*) où sont
citées les opinions humanitaires des Beccaria, des Filan-
gieri, des Galiani, des Bettinelli, des Gioberti, des Manzoni, etc., etc., et surtout les chapitres la *Guerre et la Paix*,
— les *Nationalités et la Liberté*, — l'*Italie et la France*,
vous verrez que, s'il y a chez nous des écrivains à la façon
de ceux qui ont été cités par votre contradicteur, il y en a
d'autres qui sont parfaitement de votre avis. Bien loin de
croire qu'on peut délivrer l'Italie avec le mot d'ordre des
nationalistes, ils prouvent très-clairement, au contraire, que
ce fut en exploitant précisément nos *différents sentiments
nationaux* que l'Autriche a réussi à conquérir et à garder
les différents pays de l'Italie. »...

« MAURO MACCHI.

« Gênes, 7 juin 1855. »

« Je ne puis ni ne veux me défendre de l'impression heureuse que toute âme honnête éprouve en voyant ce besoin
de bienveillance et de justice devenir de jour en jour plus
général en France et en Italie, et succéder à des haines que
leur extrême ridicule n'empêchait pas d'être affligeantes. Il
n'y a pas longtemps encore que *juger avec impartialité les
génies étrangers attirait le reproche de manquer de patriotisme*, comme si le cœur humain était si resserré pour
les affections sympathiques qu'il ne pût fortement aimer
sans haïr; comme si les mêmes douleurs et la même espérance, le sentiment de la même dignité et de la même faiblesse, le lien universel de la vérité ne devait pas plus rap-
procher les hommes que ne peuvent les séparer la différence
de langage et quelques degrés de latitude.

« C'est un sentiment pénible, mais vrai, que des écrivains distingués, que ceux-là mêmes qui auraient dû se servir de leur ascendant pour corriger le public de cet *égoisme prétendu national*, aient au contraire cherché à le renforcer ; mais le sens commun des peuples et un sentiment prépondérant de concorde ont vaincu les efforts et trompé les espérances de la haine. L'Italie a donné naguère un exemple consolant de cette disposition. Le *Misogallo* a paru, et la voix d'Alfiéri, sa voix sortant du tombeau, n'a pas eu d'écho en Italie, parce qu'une voix plus puissante s'élevait dans tous les cœurs contre un ressentiment qui aspirait à *fonder le patriotisme sur la haine*. La haine pour la France ! pour cette France illustrée par tant de génies et par tant de vertus ! d'où sont sortis tant de vérités et tant d'exemples ! pour cette France qu'on ne peut voir sans éprouver une affection qui ressemble à l'amour de la patrie, et que l'on ne peut quitter sans qu'au souvenir de l'avoir habitée il ne se mêle quelque chose de mélancolique et de profond qui tient des impressions de l'exil. »

(*Sur l'unité de temps.* Lettre de Manzoni à M. C***, écrite en français et citée dans les *Studi politico-sociali* de M. Mauro Macchi, qui ajoute : « Cette dernière pensée de notre illustre Manzoni rappelle celle de ce philosophe américain qui disait : Pour tout homme le premier pays c'est sa patrie, et le second c'est la France, parce que la *France c'est la patrie universelle.* »)

————

DIPLOMATIE ET DROIT DES GENS.

« Ils (les peuples) ont en outre des relations mutuelles réglées par ce qu'ils nomment le droit des gens, sur lequel les pédants ont écrit de gros livres où nos maximes et celles des *Izeds* sont tellement mêlées, confondues, que toi-même, Astoniad, je te défierais d'inventer un chaos plus inextricable. Il en résulte que dans les querelles chacun a toujours le droit de son côté : grande et sublime consolation, véritablement, lorsqu'on s'entr'égorge. De plus, le mélange des principes a ceci de commode, qu'il paraît un partage. On garde pour soi les nôtres, très-naturellement préférés, on cède aux autres ceux des Izeds, on les leur impose même. C'est alors qu'ils sont beaux et respectables et vénérables ; mais, personne n'en voulant que pour autrui, on se les renvoie, on se les jette à la tête, de sorte que ce pauvre droit *izédien* passe sa vie en l'air.

« Au fait, dans la sphère politique, les rapports entre les peuples dépendent exclusivement de Savel (esprit de violence) et de moi. »

« Lorsqu'un peuple, continue Boschap, rencontre la limite de sa force, qu'il ne peut accomplir ses desseins par la pure violence, qu'elle deviendrait même un obstacle, je l'introduis dans une autre voie, je lui ouvre les trésors inépuisables de la ruse. La guerre se transforme ; pernicieuse et secrète, elle prend le nom de diplomatie.

« La diplomatie est le sacerdoce de l'intérêt, et j'en suis le grand prêtre. Elle a deux objets principaux ; faire son bien et le mal d'autrui. Qu'une nation, par exemple, en ruine une autre, n'y trouvât-elle aucun projet direct, elle acquiert, du moins, une supériorité relative de richesse, par conséquent de puissance ; voilà le bien, voilà un acte pieux et méritoire du culte de soi.

« Le diplomate doit donc être exempt de tous les vices qu'engendre la morale de nos rivaux, des scrupules du devoir, des faiblesses de la sympathie, il doit constamment tenir sa pensée dans la direction de la tienne, Astoniad, (génie qui pense le mal) froid, sec, dur, impassible, impitoyable au dedans, de quelque apparence qu'il lui convienne, pour mieux arriver à ces fins de la couvrir au dehors.

« Ses fonctions, très-variées dans le détail, se réduisent, quant au fond, à une seule : TROMPER. Qu'il se taise, qu'il parle, qu'il affirme, qu'il nie, insinue, conseille, il n'a pas d'autre but. Ses discours, son silence, sa figure, son geste, ses caresses, sa colère, tout en lui ment; mais il faut de l'art, et la vérité, quelquefois, est le sublime du mensonge.

« Un réseau d'intrigues souterraines, qui partant de chaque cabinet, se croisent en mille sens divers, recouvre partout les pays civilisés comme on les nomme. Ils ont de petits sanctuaires où s'accomplissent les mystères auxquels tu présides ; où, escortés de la ruse, de la perfidie, de la corruption, les pontifes de notre loi, les maîtres des peuples, viennent se combattre dans l'ombre, où signer des pactes d'oppression pour le genre humain, leur commune possession et leur proie commune. Près de ces antres sacrés, on les voit sortir resplendissants de l'auréole dont se couronne leur tête, les mots de justice, d'humanité, de liberté même sur les lèvres, au grand attendrissement du troupeau que va tondre leur main paternelle, et encore s'il n'était que tondu! Mais, il lui est réservé mieux. »

(LAMENNAIS, *Amschaspands et Darvands.*)

LE LIBÉRALISME ET SON ÉPOQUE.

« Ces misérables querelles auxquelles nous assistons entre une opposition bavarde et un pouvoir paperassier, aussi vide l'un que l'autre de sens social et de sympathies populaires, sont loin, bien loin de la lutte de géants où, il y a un demi-siècle, le fanatisme de la liberté s'était pris corps à corps avec l'héroïsme du dévouement. On se tuait alors, et on s'estimait. On se marchande aujourd'hui et on se trompe ; on se corrompt et on s'use mutuellement ; on se méprise et on sait pourquoi. Alors des passions terribles étaient en feu ; c'était une effroyable épreuve, mais que retrempait le courage et soutenait l'espoir ; aujourd'hui c'est de la cupidité et de la bassesse : c'est une prostitution qui avilit, un affaissement qui énerve, un découragement qui désespère.

« Le rapiéçetage légal ne favorise que l'exploitation d'une tourbe d'intrigants sans foi et d'égoïstes sans cœur, valets nés de tous les despotismes, quand ils ne dominent pas eux-mêmes. Il sert merveilleusement à aveugler et à endormir le commerce des dupes qui ne jugent que sur les mots et sur les apparences, et se laissent mener par des phrases, et des trembleurs qui ne cessent de demander aux lois l'anarchie par peur du despotisme, tantôt le despotisme par peur de l'anarchie. »

(DE PORTA. *Études sociales*.)

« Tous les liens de sociabilité sont rompus, l'esprit de parti et l'ambition allument des haines si furieuses que, pour s'établir sur les ruines d'autrui, bien des gens ne se font pas de scrupules de travailler à perdre leurs propres amis, dès que ceux-ci ont obtenu quelques marques de confiance du pouvoir ou de leurs concitoyens, et ils croient couvrir leur envieuse jalousie par le spécieux prétexte du bien public...

« Aujourd'hui, qu'est-ce que la vertu? qu'est-ce que la gloire? qu'est-ce que la renommée? Quel est l'homme public qui n'ait pas au moins trois réputations différentes, suivant la faction ou la coterie qui le prône ou le diffame.

« On met tout en questions, et les solutions se rapportent toujours au positif brut de la vie, aux jouissances matérielles... Les sentiments généreux, les nobles élans du cœur qui font les grands hommes ne se retrouvent plus que dans les discours de nos orateurs de tribune qui vont, le même soir, en mendier le salaire dans les salons ministériels. La société est pervertie au point que l'homme de bien semble être une variété de l'espèce humaine. Tant d'exemples de perfidie et de parjure ont corrompu la morale publique que le dévouement le plus sincère, la vertu la plus solide, la religion du serment ont perdu leur crédit. De nos jours Curtius serait un niais, Socrate un radoteur, et le conseiller Molé une dupe.

« Dans la confusion d'idées qui doit résulter de ces conflits perpétuels, où *la fidélité est punie comme un crime et la trahison récompensée comme un devoir*, les peuples ne savent plus à quoi attribuer leur respect et leur obéissance, ou plutôt ils ne respectent plus rien, et ils résistent à toute discipline.

« Pour peu que cela dure, nous aurons bientôt plus de lois et plus de gouverneurs que de gouvernés. Cette lèpre des places, ce cancer rongeur a gangrené tous les cœurs. Dès qu'un homme sorti des rangs de l'opposition obtient l'emploi le plus médiocre, il se tourne vers le pouvoir, il dore ses illusions, devient son apôtre, son séide ; il s'attaque surtout à ceux dont il peut suspecter les opinions, les opprime autant qu'il est en lui, et renverse d'un coup de pied l'échelle sur laquelle il s'est élevé. »

(Le baron BOUVIER DESMOLARD, ancien préfet, conseiller d'État, etc. *Des causes du malaise qui se font sentir dans la société.*)

————

« Nous vivons dans un temps où retentit encore l'écroulement solennel de tout un monde. Les croyances sont rejetées, méprisées ; toutes les formes régulières ont fait naufrage ; les institutions sont abattues, les priviléges détestés ; les aristocraties féodales ébranlées ou pulvérisées ; tout pouvoir craint ou impuissant.

« Dans la portion de l'Europe la plus avancée en développement matériel et intellectuel, les consciences sont campées entre le doute, le découragement, la licence, la cupidité ; tout est remis en question, tout jusqu'à Dieu et aux plus sacrés devoirs par une philosophie étroite et subversive ; il y a table rase enfin.

« Les intérêts satisfaits et vainqueurs n'ont à opposer pour s'absoudre devant l'histoire que leur ignominie et leur aveuglement. Oui, *une forte portion des aristocraties, des classes marchandes et manufacturières est impie et coupable au dernier chef, devant la haute justice de la loi morale qui régit le monde chrétien.*

« Fanatiques de leur chose, et accoudés sur leurs droits acquis, ils sont partout, dans les deux mondes, durs et intraitables comme l'avare auprès de son trésor menacé.

« Assis, PAR HASARD, au banquet de la vie, ils s'irritent

qu'on les y trouble et sont implacables contre qui veut y prendre place en nouveau convive.

« Ils se croient des saints lorsqu'ils se contentent de leur part, et qu'ils n'ont ni dettes ni procès ; que la patrie et les gendarmes les laissent libres, et que nul ne peut leur dire avec la loi : Fripons !

« Pour eux, *pauvreté, c'est vice !* vertu, niaiserie ou hypocrisie ! Enthousiasme, dévouement, et sacrifice folie !

« La patrie, c'est leur famille, leur champ ou leur boutique ; l'humanité, c'est leurs enfants ; et leur famille, leurs enfants, ils les aiment à la manière des loups, *tout pour soi et ses petits.*

« Ils ont perdu le sens des choses sociales, et n'ont retenu des prescriptions morales que celles qui s'adaptent à l'égoïsme. Ils ont des droits et pas des devoirs. Sans la menace du porteur de contrainte et de la force armée, ils ne payeraient point leurs impôts ; sans la peur des émeutes ou des assassinats, ils ne voudraient ni gouvernement, ni police, ni hospices, ni aumônes, ni bureaux de bienfaisance, parce que cela coûte cher. »

(PECQUEUR. *Économie sociale,* ouvrage couronné par l'Institut. *Académie des sciences morales et politiques.*)

FIN.

PARIS. — IMPRIMERIE SIMON RAÇON ET COMP., RUE D'ERFURTH, 1.

PARIS. — IMP. SIMON RAÇON ET COMP., RUE D'ERFURTH, 1

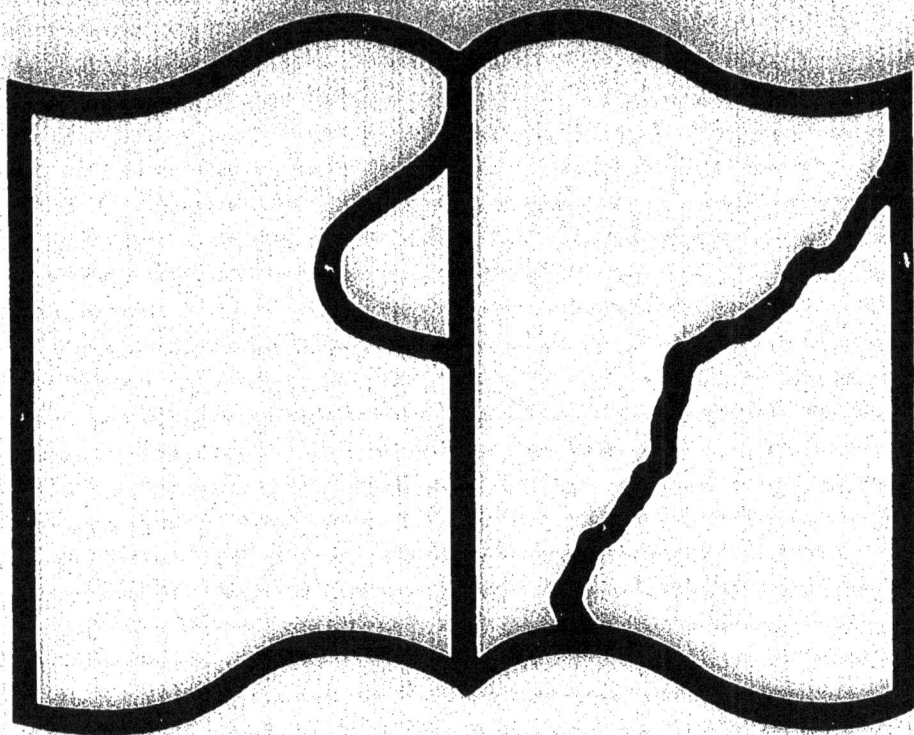

Texte détérioré — reliure défectueuse

NF Z 43-120-11

Contraste insuffisant

N Z 43 120 14

Reliure serrée